고구마꽃을 피우는 아이들

고구마꽃을 피우는 아이들

2025년 6월 17일 초판 1쇄 찍음
2025년 6월 30일 초판 1쇄 펴냄

지은이 장은영 · 이진숙 · 정주희 · 추혜영 · 김수빈 · 석경원 · 박이랑 · 강인성 · 이신영 · 강현주

편집 김찬호 · 박훈 · 정지현
디자인 이수경 · 김진운
본문조판 토비트
마케팅 유명원

펴낸이 윤철호
펴낸곳 ㈜사회평론아카데미
등록번호 2013-000247(2013년 8월 23일)
전화 02-326-1182
팩스 02-326-1626
주소 03993 서울특별시 마포구 월드컵북로6길 56
이메일 academy@sapyoung.com
홈페이지 www.sapyoung.com

ISBN 979-11-6707-185-9 03370

* 이 저서는 2020년 대한민국 교육부와 한국연구재단의 인문사회분야 중견연구자지원사업의 지원을 받아 수행된 연구임(NRF-2020S1A5A2A01047105)

고구마 꽃을 피우는 아이들

다문화 시대
다중언어 교실에서
만나는 세상

장은영 이진숙 정주희
추혜영 김수빈 석경원 박이랑
강인성 이신영 강현주 지음

사회평론아카데미

서문

2022년 3월 미국으로 연구년을 떠나는 비행기 안에서 우연히 《드라이브 마이 카Drive My Car》라는 일본 영화를 만났다. 그 영화에서 언어들은 조용한 바닷가에 맨발로 서 있을 때 밀려드는 파도가 내 발을 적시고 따스한 모래가 발가락을 간지럽히며 서서히 조금씩 마음이 평온해지게 만드는 그런 것이었다. 특히 내 마음을 파고들었던 것은 주인공이 체호프의 작품을 연출하는데 그 연극이 다중언어 연극이었다는 점이다. 영화 속의 연극에서 일본어, 영어, 중국어, 한국어, 수어를 사용하는 연기자들은 자신의 대사를 그냥 자신의 언어로 말한다. 서로의 언어를 통역하지 않는다. 배우들은 눈을 보고 감정을 나누며 각자 자신의 언어를 쓰면서 소통한다.

나는 우리가 같은 언어를 쓰지 않아도, 심지어 소리조차 내지 않아도 대화를 나눌 수 있음을 보았다. 물론 그 반대도 경험한다. 같은 언어를 사용해도 심연처럼 깊은 균열이 있어 도저히 대화할 수 없는 상황들.

이 영화에 너무나 매료된 나는 비평을 찾아 읽었다. 어떤 영화 평론가가 "영화《드라이브 마이 카》는 언어의 한계를 밀어낸다(Drive My Car pushes the limit of language)"라고 했다. 내가 다중언어교육 관련 연구와 프로젝트를 하면서 꿈꾸어 온 목표를 한 문장으로 압축해 놓은 것 같았다.

나는 그 비행기에 오르기 직전에 그동안 해오던 〈다중언어교사 실행공동체〉 연구를 마무리했다. 그리고 언어교육에 관심을 가진 교사, 연구자 등 소수의 게스트를 모시고 우리가 했던 공부와 수업을 나누는 세미나를 막 마쳤던 참이었다. 탈북학생 다중언어교육과 다중언어 교사교육 프로젝트를 수년간 연이어 하느라 좀 지쳐 있었는데 그 시간들을 훌훌 털어 내며 올랐던 비행기 안에서 운명처럼 다중언어 연극을 담은 영화를 보게 된 것이다. 그 영화를 만난 것이 우연이 아니라 마치 어떤 계시 같았다면 내가 너무 나간 걸까?

흔히 언어는 소통의 도구라 하지만 그것은 정확한 표현은 아니다. 언어를 공유한다고 소통이 되는 것은 아니기 때문이다. 언어는 권력이다. 그렇지만 그것 역시 정확한 표현은 아니다. 권력은 언어에 있는 것이 아니라 그 언어를 쓰거나 이용하는 사람들, 그리고 그 사람들이 만들어 낸 사회적 인식과 제도에 있는 것이다. 언어는 우리를 갈라놓기도 하고 이어 주기도 한다. 나는 언어의 권력, 영향력, 그리고 가능성에 대한 관심이 한국 사회와 교육의 현장에서 절대적으로 부족하다고 생각한다. 영어 열병과 국어 이데올로기로 점철된 한국 사회에서 교육은 오히려 권력의 언어를 옹호하고 강화한다. 사회에서는 다양한 언어와 언어변이들이 덩굴처럼 엮여 있지만 교육의 현장은 표준어를 내세운 단일언어주의로 언어의 권력과 계급구조를 제도화하고 재생산한다.

최근 수십 년간 한국 사회에서 이주민 수는 지속적으로 증가해 왔다. 유치원, 초·중등학교에도 다양한 언어 경험과 배경을 가진 학생들의 비율이 점점 높아지고 있다. 그러나 한국의 교사들은 대부분 한국에서 태어나 한국어를 모어로 사용해 왔고 언어와 국가를 동일한 것으로 인식하는 데에 익숙하다. 한국인은 한국어, 미국인은 영어, 일본인은 일본어라는 공식이다. 메타언어적 인식이나 다중언어주의와 같은 개념들을 배울 기회도 없었거니와 언어 자체에 대한 인식이나 이해를 위한 시간을 가지지 못했다.

한국의 교사들 대부분은 교과교육으로 언어(국어, 영어, 제2외국어)를 만났을 것이다. 다문화사회가 되면서 학생에 대한 애정과 책임감이 남다른 한국 교사들은 한국어가 모어가 아닌 학생들을 만나면서 깊은 고뇌에 빠진다. 교사로서 효능감은 낮아지고 다중언어 교실에서 수업과 언어 사이의 딜레마에 직면한다.

교사만이 아니다. 한국어만 빨리 배우면 모든 것이 해결될 줄 알았던 이주 배경 학생들의 성적표는 학년이 올라갈수록 암울한 빛을 띠고, 영어만 잘하면 글로벌 인재로 성공할 줄 알았던 선주민 학생들은 영어에 대한 패배감과 적대감에 시달린다. 이런 식으로, 이미 오랫동안 한국의 언어교육은 애매하게 흘러 왔다.

학생들의 언어는 구겨지고 버려지고 대체된다. 교사들은 언어의 의미를 배울 여유도, 성찰할 여유도 없으며, 당장 직면한 고민과 생각들을 나눌 수 있는 동료도 공간도 없다.

그래서 우리에게는 공동체가 필요하다. 〈다중언어교사 실행공동체〉는 다중언어라는 생소한 주제에 대해 관심을 가지고 고민하고 실천하는 9명의 현직 교사들과 내가 함께 했던 '우리'라는 공동체였다. 이 책은 2021년 7월에 첫 모임을 시작하고 이후 정기적인 만남을 함께 했던 우리들의 이야기이다. 언어와 언어교육에 대해 뭉툭하고 서투르지만 나름 고민하면서 솔직하게 쓴 이야기이다. 교사 공동체로서 함께 다중언어교육에 대해 공부하고 토론하였고, 각자의 교실을 위한 맞춤형 다중언어 수업안을 짰으며 서로의 수업에 대해 피드백을 주고 받았다. 우리는 교실 현장에서 언어와 언어교육에 대한 새로운 접근을 시도하였다. 우리가 만난 시공간은 차별과 혐오를 조장하는 이분법을 넘어서서 언어교육에 대한 새로운 가능성을 만들어 내는 '제3의 공간'이었다.

이 책은 단지 '이주 배경 학생'에 대한 이야기가 아니다. 각 저자는 교사로서의 직업이나 학교라는 환경을 넘어 한 개인으로서 자신의 언어적 궤적trajectory을 성찰하고 내밀한 감정을 진솔하게 드러낸다. 또한, 현직 교사로서 자신이 직접 경험한 언어 경관과 이슈들, 자신의 교실을 관찰하고 언어의 문제를 민감하게 성찰한 흔적들, 그리고 수업 재구성을 통해 새로운 언어 환경을 만들고자 노력했던 과정이 고스란히 담겨 있다. 이 책을 통해 독자는 각 저자의 삶과 그의 교실을 함께 여행하며 다양한 모양과 내용의 언어들과 다중언어 화자들을 만날 수 있을 것이다. 그리고 다중언어 실행공동체를 통해 새롭게 배우고 성장해 가는 모습, 연대와 협력을 통해 보다 평등하고 민주적인 언어교육의 가능성을 조심스럽게 발굴해 내는 우리를 만날 수 있을 것이다.

벨 훅스Bell Hooks는 『올 어바웃 러브All about Love』라는 책에서 스캇 펙Scott Peck의 사랑에 대한 정의를 인용한다. 사랑은 "자기 자신과 다른 사람의 영적인 성장을 위해 자아를 확장하려는 의지"라고. 그리고 벨 훅스는 말한다. "사람들은 스캇 펙이 정의한 사랑의 개념을 받아들이기를 두려워한다. 그 정의를 받아들이게 되면 우리 사회 대부분의 가정에 사랑이란 존재하지 않는 셈이기 때문에 그런 현실을 받아들이기가 무서운 것이다. 따라서 학대나 모욕을 좀 당하더라도 그것이 그다지 나쁜 것은 아니라고 믿게 만드는, 잘못된 사랑의 개념을 고수하는 쪽을 택하는 것이다."

나는 스캇 펙과 벨 훅스의 사랑에 대한 날카로운 지적을 읽으면서 다중언어교육에 대해 생각했다. 영어나 한국어의 중요성을 강조하거나 학생들이 권력의 언어를 유창하게 하도록 도와주는 것도 사랑이겠지만, 그런 사랑은 다른 이의 성장을 나의 관점에서 재단하고 단정 짓는 끈질기게 오래된 오류이다. 주류의 선의는 종종 타자가 변방에 있음을 환기시키고 주류가 되기 위한 노력만이 변화할 수 있는 유일한 방법인 것처럼 보이게 한다. 안타깝게도 말이다. 물론 주류이든 비주류이든 누구에게나 자아를 깨어 부수고 확장하는 것은 매우 어렵다. 다중언어교사 실행공동체는 그 어려운 과정에 대한 용기 있는 도전이었다. 우리는 사랑을 실천했다고 믿는다. 왜냐하면 학생들과 나의 성장을 위해 언어에 대한 나의 자아를 확장하려고 무던히 노력했기 때문이다.

마지막으로, 딱 봐도 자본화되기 어려울 것 같은 우리들의 이야기에 환호해 주시고, 꼼꼼이 읽고 예쁘게 엮어 준 사회평론 아카데미 출판사 관계자에게 깊은 감사를 드린다. 그리고 멀티링궐 행아웃 프로젝트의 연구조교로서 함께 공부하면서 많은 일들을 척척 준비해 주었던, 당시 서울교대 다문화교육 전공 대학원생이었던 윤정화, 오경선, 오윤지 선생님께도 이 자리를 빌려 고마움을 전한다. 탈북학생 다중언어교육 프로젝트에서 큰 도움을 주었던 학문적 동지들인 강신지 교수, 박요셉 대표, 김은영 박사에게도 깊이 감사한다. 다중언어 실행공동체의 성과를 나누는 세미나에 참석해서 관심과 지지를 보내 준 많은 연구자들과 교사들에게도 진심으로 감사를 드린다.

처음 이 책을 쓰기로 생각했을 때, 교사에서 작가가 되어야 했던 다중언어 실행공동체 참여 선생님들에게 이 책의 의미를 한 줄로 요약하면 다음과 같다고 말씀드렸던 기억이 난다.

"이 책이 다중언어교육에 대한 명확한 답을 줄 수는 없지만 다문화 시대, 언어의 의미와 평등한 교육을 고민하게 하는 책이 되기를!"

이 책이 세상에 나오는 지금도 같은 심정이다.

2025년 6월

글쓴이를 대표하여 장은영

차례

일러두기

1 이 책에 등장하는 모든 인물의 이름은 가명을 사용했습니다.

2 학생 본인 또는 부모가 외국국적이거나 외국국적을 가졌던 적이 있는 학생의 경우, 가급적 '이주 배경 학생'으로 표기했습니다.

1부

말하지 않아도 알아요

1

교실 속 다중언어사회를 만나다

이진숙 인천 송월초등학교

내가 한 번도 접해 보지 못한 언어를 사용하는 학생과 소통할 때는 학생도 나도 답답한 시간을 견뎌내야 했다. 그 학생이 기초적인 한국어를 듣고 이해할 때까지 기다림이 필요했다.

한국어가 아닌 외국어로 소통하면서 느끼는 기분은 참 좋다. 나는 예전부터 영어로 유창하게 대화를 하는 사람이 왠지 유능하고 멋있어 보였다. 아마도 나보다 유창한 영어 실력에 대한 부러움 때문이었을 것이다.

학교 영어 수업에서 많은 시간을 들여 공부해도 문법 위주의 학습으로 인해 정작 영어로 소통하는 능력은 떨어진다는 것을 많은 사람이 느껴 보았을 것이다. 나 또한 중고등학교를 거쳐 대학교까지 영어 공부에 투자한 시간이 어마어마하지만 아직도 영어로 말하고 들어야 하는 상황이 되면 나도 모르게 긴장이 된다. 영어를 소통의 수단으로 여기지 않고 영어 유창하게 말하기 목적으로 생각하고 있어서 그런 게 아닌가 싶다.

영어를 잘해야만 된다는 압박 속에 영어에 대한 호기심과 두려움이 공존한다. 여전히 영어 공부의 필요성을 느끼고 시도했다가 포기하는 과정을 반복하며 말이다. 사실 나의 영어 실력이 더 이상 늘지 않는 것은 영어를 쓸 기회가 없기 때문이라고 나 자신을 위로하면서 지금까지 영어 공부에 대한 미련을 버리지 못하고 있다.

그러다가 모어를 한국어로 하지 않는 학생들을 위한 초중고 통합 위탁형 공립 다문화대안학교인 한누리학교로 오게 되었다. 다양한 이주 배경의 학생들이 한데 모여 일반 학교의 교육과정을 포함하여 한국어, 한국문화, 시민교육 등 특성화된 교육과정을 함께 배우는 학교였다. 이 학교에서 한국어가 모어가 아닌 학생들을 만나게 되면서 영어를 포함한 외국어 사용에 대한 나의 생각이 변하게 되었다. 한국어를 전혀 모르는 학생부터 아주 단순한 의사 소통이 가능한 학생까지 다양한 학생과 함께 하는 배움은 하나하나가 어려움이기도 하지만 즐거움이기도 하다. 상대방의 표현을 내가 이해하는 것, 내 표현을 상대방이 이해하는 것, 그래서 서로의 표현이 통하는 것은 정말 환상적인 일이다. 그 소통의 매개 언어가 영어든, 한국어든, 다른 어떤 언어이든 말이다.

너는 나의 선생님

나는 다양한 지역에서 온 이주 배경 학생들과 함께 공부하기 때문에 그들이 사용하는 언어 또한 매우 다양하다. 처음에는 한국어를 집중적으로 배우러 온 학생들이 교실에서 모어를 자연스럽게 사용하도록 허용해야 할지 말지 고민이 참 많았다. 같은 언어권끼리만 소통하고, 한국어는 사용하지 않으려 하는 학생들에게 모국어 사용을 허용하는 것이 과연 괜찮은지에 대한 고민 말이다.

처음에 학생들이 나의 교실에 왔을 때, 나는 학생들에게 모어가 아닌 한국어로만 소통할 것을 요청했다. 학생들과 지내면서 시간이 흐를수록 한국어로만 소통하라는 처음의 나의 요청, 아니 지시가 얼마나 어이없는 것이었는지를 느끼게 되었다. 한국어를 몰라서 배우러 왔는데, 한국어로만 말하라니! 학생들 입장에서는 서로 이야기를 하지 말라는 소리나 다름 없었을 것이다.

아니나 다를까, 학생들은 말을 안 하기 시작했다. 아니면 같은 언어권 학생들끼리는 몰래 모어로 이야기를 나누기도 했다. 학생들이 서로 말을 안 하는 것보다는 모어를 사용하여 소통하는 것이 낫겠다는 생각이 점점 들기 시작했다. 그래서 교실에서 모어 사용을 받아들이기로 했다. 물론 최소한의 규칙은 지키도록 안내해야 했다. 학생들과 미리 한국어 수업 시간에는 한국어로만 소통하기, 모르는 것은 선생님에게 물어서 한국어로 말하기 등의 가이드라인을 약속하고 그것을 지키려고 했다. 그러면서도 점점 많이 들려오는 학생들의 모어 이야기에 나는 긴장할 수밖에 없었다. 그럴수록 그들의 이야기에 더 집중하려고 노력했다. 그리고 가끔은 질문했다. 나도 너희가 무슨 이야기를 나누는지 정말 알고 싶다고, 나에게 간단한 한국어로 설명해 달라고 말이다.

점점 학생들이 서로 자유롭게 소통하기 시작했다. 다른 언어권의 친구들에게 자신의 언어를 가르쳐 주고, 또 모르는 것은 서로 물어보았다. 그러다보니 자연스럽게 소통의 매개언어는 한국어가 되었다. 베트남과 우크라이나에서 온 두 남학생이 점심시간에 즐겁게 웃으면서 대화한다. 무슨 이야기가 그렇게 즐거운지 웃음이 멈추지를 않는다. 가만히 들어보면 그냥 일상생활에 대한 대화다. 아주 쉬운 수준의 한국어를 주고받으면서 말이다. 처음엔 학생들이 서로 모어로 하는 대화가 나에게 소음처럼 들렸을지 모른다. 서툴지만 용기를 내어 전하는 한국어, 진심을 담은 모어, 자신과 친구의 모어와 한국어 단어가 섞인 표현 등 소통하고 싶은 마음을 담은 언어들을 서로 주고 받는다. 이젠 한국어, 모어, 그리고 그들이 만들어 낸 그들만의 언어로 소통하는 멋진 하모니가 되어 아름답게 들린다.

한누리학교에는 이주 배경 학생들의 이중언어능력 신장을 위한 러시아어, 중국어, 베트남어, 아랍어 모국어 수업 과정이 있고, 그 외에 교육과정 프로그램 중 자신의 모어 과정이 없는 소수 언어권 학생들이 모여 한국어 또는 영어를 배우는 수업이 있다. 나는 그 중 영어 수업을 맡아 일주일에 한 번씩 학생들과 영어로 소통하고 있다. 수업의 내용은 영어책을 읽고 내용 파악, 주제에 대한 논의, 모르는 단어의 뜻 알아보기, 내용을 바탕으로 한 질문과 답변 등으로 이뤄진다. 매주 학생들과 이 수업을 진행하면서 나는 영어로 소통하는 것에 대한 경험치를 쌓고 있다.

이 시간만큼은 학생들의 목소리가 나보다 더 커진다. 모국에서 공용어로 영어를 사용한 경험이 있기 때문에 말하고 듣는 영어 능력은 나보다 우수한 학생들도 있다. 한국어 시간에는 조용히 있던 학생도 이 시간만큼은 하고 싶은 말을 자신 있게 하고 다른 사람의 이야기를 듣고 답변할 수 있다. 자신들보다 부족한 선생님의 영어 실력에도 관대한 말투로 괜찮다고, 잘한다고 격려와 칭찬을 아끼지 않는다. 어쩌면 이 시간만큼은 그들이 나의 영어 선생님인 셈이다. 우린 서로에게 선생님이 되어 완벽하지는 않지만 즐거운 소통을 하고 있는 것이다. 그리고 나는 이 말을 자주 학생들에게 해 준다.

“이렇게 영어도 잘하고, 모국어도 잘하고, 한국어도 잘하는 너희들은 정말 언어 능력자야.”

다양한 언어를 사용하며 함께 공부하는 속에서 즐거움, 깨달음의 순간도 많았지만 늘 어려움과 고민도 따른다. 그러다가 다중언어교육의 필요성을 인식하는 초중학교 교사들과 관련 분야 전문가이신 교수님이 모여서 교육 현장에서 실행할 수 있는 다중언어교육 방법에 대해 함께 연구하고 실천하는 다중언어 교사실행공동체와 만나게 되었다. 이때까지만 해도 다중언어라는 개념이 낯설 때였다. 교수님의 이론 설명을 통해 다중언어라는 개념을 이해하게 되었고, 다른 선생님들의 고민과 운영 사례를 통해 나만 그런게 아니구나 하는 안도감과 함께 내가 하고 있는 것들도 학생들에게 의미있는 교육이었구나 하는 만족감도 느끼게 되었다. 그리고 교수님을 포함한 모든 선생님들이 나에게 또다른 선생님이 되어 나는 지금도 배우고 있다.

다중언어, 다중언어사회가 무엇인지 설명해 보라고 하면 아직도 명확하고 간결하게 답하기는 어렵다. 어떤 언어를 사용하든, 어떤 언어를 사용하는 사람을 만나든, 상대와 소통하기 위해서 열린 마음을 갖고 자신의 생각과 의견을 표현하고 서로를 이해하기 위해 노력하는 태도가 다중언어를 구사하는 첫 걸음이라고 생각한다.

그건 너다

처음 한누리학교에 오는 학생은 대부분 소극적이고 말이 없다. 의사소통이 거의 안 되기 때문에 익숙해지는 데 시간이 걸리기 때문이다. 러시아에서 온 3학년 여학생 빅토리아도 마찬가지였다. 한국어 공부에도 전혀 관심이 없고 선생님과의 소통에도 어려움이 많았다. 선생님과 약속한 가이드라인도 잘 지키지 않았고, 거부감을 드러내기도 해서 쉽게 다가가기가 어려웠다. 시간이 지나면 나아지겠지 하는 생각에 일단은 기다려 보기로 했다. 가끔은 기다림이 최선의 방법일 때가 있다.

학교에 온 지 일주일쯤 되었을까, 그날도 빅토리아는 한국어 시간인데도 공부에는 전혀 집중하지 않았다. 그런데 다른 날과 달리 무엇인가에 굉장히 집중하고 있었다. 나는 빅토리아가 무엇에 집중하는지에 대한 궁금증을 잠시 뒤로 한 채 다른 학생들과 함께 한국어 수업을 진행했다. 수업을 마치고 쉬는 시간이 되었다. 빅토리아는 쭈뼛쭈뼛 나에게 다가와 종이 한 장을 건넸다. 그 종이를 보고 나는 놀랐다. 빅토리아가 나에게 건넨 종이에는 아주 열심히 그린 사람의 모습이 있었다. 바로 나였다. 그리고 그림 옆에는 "그건 너다"라고 적혀 있었다. 그림을 본 나의 첫 반응은 정확히 기억이 안 나지만, 매우 기쁜 얼굴로 말한 것 같다.

"나를 그린 거야? 너 정말 그림을 잘 그리는구나!"

나의 말에 빅토리아도 수줍어하며 밝은 표정으로 자리로 돌아갔던 것 같다.

그 일 이후 빅토리아와 나의 관계는 많이 변했다. 나의 모습을 그토록 자세히 그렸다는 것은 빅토리아가 나를 얼마나 집중하여 바라보고 있었는지를 증명하는 것이 아니겠나 생각했다. 나도 이제 빅토리아를 집중하여 바라봐야겠구나 싶기도 하고, 그동안 소통이 안 되는 상황이 얼마나 답답했을까 하는 생각도 들었다. 빅토리아가 나에 대한 관심의 표현으로 말이나 글 대신 그림을 택했구나 하는 생각에 미안하고 고마운 마음이 동시에 들었다. 빅토리아에 대한 나의 마음의 변화는 빅토리아의 마음을 움직였고 그 이후 빅토리아와 배움의 즐거움을 함께 나눌 수 있었다. 빅토리아는 여전히 한국어 공부에는 적극적이지 않았지만 말이다.

빅토리아의 작품 〈그건 너다〉는 꽤 오랜 기간 교실 앞 게시판에 걸려 있었다. 보면 볼수록 세세한 면까지도 정확히 묘사한 점이 보여 빅토리아의 그림 실력에 감탄하게 되었다. 이제껏 많은 학생들로부터 "선생님을 그린 거예요"라는 표현과 함께 그림 선물을 받아 왔지만 이 그림은 특별한 선물이었다.

국제결혼 가정 학생들과 함께 공부하면 이런 질문을 많이 받는다. 본인은 어느 나라 사람이냐고 말이다. 그때는 대답하지 못했지만 이제는 대답할 수 있을 것 같다.

"너는 너야. 상황에 따라 어딘가에서 누군가와 함께 무언가를 하고 있는 그때의 너야. 그러니까 앞으로도 계속 너는 변하면서 성장할거야."

〈그건 너다〉라는 작품을 통해 내가 이해한 정체성의 의미이다.

빅토리아가 우리 학교 위탁 기간을 마치고 원적학교로 돌아간 뒤, 1년 정도가 지났을 때 빅토리아의 원적학교 앞에서 우연히 빅토리아와 마주친 적이 있다. 키도 훌쩍 커 버리고 예전보다 성숙해진 빅토리아와 나는 가벼운 포옹을 하며 잘 지냈냐는 안부 인사를 나누었다. 서로 많은 이야기를 나눌 수는 없었지만, 나는 빅토리아가 나를 많이 그리워했다는 것을 눈빛만 봐도 알 수 있었다. 햄버거를 좋아하고, 옆돌기를 잘하고, 그림을 잘 그렸던 그 학생이 본인만의 정체성과 강점을 살려 행복하게 살기를 누구보다도 바라고 응원한다.

말하지 않아도 알아요

이주 배경 학생들과 국어 수업을 하는 것은 쉽지 않다. 동시 수업은 더욱 어렵다. 초등학교 3학년 2학기 국어 수업 중 '동시 짓기'가 있다. 시적 허용, 생생한 표현 등을 학생들에게 이해시키기는 매우 어렵다. 대부분 동시를 모국어로 번역하여 동시의 주된 내용을 이해하게 하는 데 초점을 맞춘다.

그런데 이번에 학생들과 함께 할 수업은 감각적 표현을 사용한 느낌을 살려 시를 쓰는 활동이었다. 감각적 표현이란 오감을 통해 알게 된 대상의 느낌을 생생하게 표현하는 것이다. 감각적 표현을 사용해 느낌 나타내기, 시를 읽고 여러 가지 감각적 표현 말하기, 시를 읽고 재미나 감동 나누기, 이야기를 읽고 생각이나 느낌 표현하기, 느낌을 살려 시 쓰기 순서로 수업이 진행된다.

먼저 감각적 표현에 대해 다양한 예시를 보여 주며 감각적 표현이 무엇인지 이해하게 한다. 그리고 감각적 표현과 관련된 장면을 각자 떠올리게 한다. 교과서에 제시된 동시를 각 학생의 언어권별로 번역하여 알려 준 뒤 먼저 동시의 내용이 무엇인지 이해할 수 있게 한다. 그 후에 시와 관련한 자신의 경험을 떠올리게 한다. 이때 모국에서, 이주 과정에서, 한국에 와서 겪은 다양한 경험을 떠올리게 한다. 그리고 나서 시 쓰기 활동에 들어가 본다. 시를 쓸 때는 각자 번역기를 활용하여 모어와 한국어를 바꿔 쓰는 것을 허용하였다. 한국어의 의미를 정확히 이해해야 알맞은 모어로 번역할 수 있으니, 스스로 번역하는 과정도 의미가 있다고 판단했다. 그리고 번역을 어려워하는 학생은 내가 직접 도와 주었다.

나는 이 수업에서 교과서에 제시된 〈팝콘〉이라는 아주 단순한 시를 바꾸어 쓰는 전략을 선택했다. 팝콘이 튀겨지는 소리를 감각적으로 표현하고 그에 대한 느낌을 표현한 재미있고도 쉬운 시이다.

우리 반 학생 사나가 바꿔 쓴 시를 소개한다. 사나는 요르단에서 온 외국인 가정 여학생으로 3개월 간 한국어 학습을 받아 기본적인 의사소통은 가능한 때였다. 처음엔 아무것도 쓰지 못하겠다고, 너무 어렵다고 말하던 학생이 이 한 편의 시를 쓴 뒤에, 시 쓰기에 흥미를 느끼면서 시를 3~4편 이상 더 썼던 것으로 기억한다. 나중에는 이 시를 아랍어로 바꾸어 한국어와 함께 적어 교실 작품란에 게시하기도 하였다. 자신의 모국에 가고 싶은 마음을 한국어와 아랍어로 동시에 쓸 수 있는 사나의 글쓰기 실력은 이 단원에서 이루고자 하는 성취 기준에 도달했다고 평가할 수 있을 것이다. 사나의 특별한 경험과 감각적인 표현에 대한 배움이 합쳐져서 멋진 작품이 탄생할 수 있었다.

비행기

슈웅
슈웅슈웅
슈웅슈웅슈웅
슈웅슈웅
슈웅
비행기 좋아해요
비행기 타고 날아가요
요르단으로

유나는 카자흐스탄에서 온 고려인 동포의 자녀이다. 평소에 거의 말이 없고 매우 내성적인 여학생이다. 한국어는 물론 모어로 말하는 것도 거의 들을 기회가 없어서 나는 이 학생의 언어 소통 능력을 잘 파악하지 못하고 있었다. 단순히 느린 학습자에 속하나 보다, 라고 생각하고 있었다.

동시 짓기 수업에서 소재와 제목은 학생들이 직접 선택하도록 했다. 그런데 유나는 생각지도 못한 '고슴도치'라는 소재로 시를 쓰고 싶다면서 휴대폰에서 고슴도치 이미지를 검색하여 나에게 보여주었다. 유나는 고슴도치라는 소재를 통하여 어떤 시를 쓰고 싶었을까?

고슴도치

득득
득득득
득득득득
득득득
득득
나는 매우 까칠해

득득, 득득득, 득득득득, 고슴도치가 내는 소리라고 한다. 그러면서 매우 까칠해라고 말한다. 나는 알아 버렸다. 고슴도치가 유나 본인을 의미한다는 것을 말이다. 까칠하다는 표현으로 끝나버린 유나의 시를 보고 나는 "그럼 다가가지 말까?"라고 러시아어로 번역하여 물어보았다. 유나는 "아니요, 다가와 주세요."라고 대답했다. 그리고 나는 이렇게 말했다. "그래, 다가가서 안아 줄게."라고 말이다. 유나는 밝은 미소를 지으며 고개를 끄덕였다. 정확히 말하지 않아도 알 수 있는 유나의 마음과 나의 협업으로 완성된 작품은 다음과 같다.

고슴도치

득득
득득득
득득득득
득득득
득득
나는 매우 까칠해
그래도 안아 줘

학생들은 한국어로의 소통하기가 어렵기 때문에 하고 싶은 말이 있어도 참아야 하는 것들이 많다. 머릿속과 마음속에 다양한 것들이 가득한데, 그것을 표현하기가 어려운 것이다. 나와 함께 한 이주 배경 학생들에게 한국에 와서 공부하면서 무엇이 가장 힘드냐고 질문을 해 볼 때가 있다. 무슨 말인지 못 알아들어서 힘든 것도 있지만 소통하지 못해 친구들 대화에 참여하지 못하는 게 더 속상하다고 한다. 주류 사회에 참여하고 싶지만 그렇게 하지 못하는 그 답답한 마음을 나는 이해할 것 같다. 말하지 않아도 서로 통할 수 있는 열린 마음이 필요한 때이다.

그리고 그들은 어떻게 살았을까

다중언어 교사실행 공동체와 함께 다중언어 수업에 대해 공부하고 고민한 뒤, 나는 하나의 프로젝트를 설계한 후 진행해 보았다. '함께 살기 위한 배움'이라는 주제 아래 그림책과 함께 다양한 활동을 해 보는 수업이었다. 이 수업을 통해 학생들이 활동 과정 전반에서 여러 언어에 노출되고 사용하는 경험을 하게 하고 싶었다. 그리고 그 의사소통 상황에 알맞게 생각하고 적용하게 하고 싶었다. 기존에 습득한 언어 지식과 능력이 다른 언어를 습득할 때 긍정적인 영향을 미친다는 것을 이미 경험하였기 때문에 그 경험을 적극적으로 반영하여 성취 목표에 학생들이 도달하게 하고자 설계를 시작했다. 이 수업을 통해 다른 언어와 문화를 받아들임으로써 다른 이에게 관심을 갖고 함께 사는 공동체성을 마음에 지니게 만들고 싶었다.

먼저 이지은 작가의 『이파라파냐무냐무』라는 그림책을 선택했다. 글밥이 적고 감각적인 표현이 많이 포함된 책이다. 이야기는 선주민들이 평화롭게 살던 마을에 어느 날 낯선 이방인이 등장하면서 시작된다. 낯선 이방인에 대해 아무런 정보가 없던 선주민들은 이방인의 외모와 큰 외침을 보고 들으며 그들만의 추측과 걱정으로 이방인이 자신들을 해칠 것이라고 오해를 한다. 정작 이방인은 충치로 인해 이가 아파서 아프다고 큰 소리로 말한 것일 뿐, 선주민들에게 피해를 준 것도 없는데 말이다. 이야기 자체에 소통의 어려움으로 인한 오해의 상황을 담고 있고 가상 시나리오라서 학생들의 상상력을 자극할 수 있을 것 같아 보였다. 무엇보다 줄거리가 단순하고 재미있어서 초등학교 3학년 학생들에게 적합한 책이라 생각했다.

배움 그 자체가 즐거움이길 바라면서 시작된 3학년 학생 10명과 나의 프로젝트는 책 내용을 파악하는 것에서부터 시작되었다. 먼저 책을 훑어 보고 학생들에게 제목과 등장인물을 파악하도록 했다. 제목이 무엇인지, 누가 나오는지, 제목의 뜻이 무엇일지를 파악하는데 학생들의 모어와 한국어, 그리고 이미지로 가능한 것을 선택하여 표현하도록 했다. 이가 아프다는 상황을 충치 그림으로 표현한 것은 누가 봐도 한눈에 알아차릴 수 있었다. 일단 학생들이 책에 관심을 갖게 하고 난 뒤, 천천히 혼자서 책을 읽는 시간을 가졌다. 학생들마다 오랫동안 머무는 책의 부분은 각자 달랐다.

그림이 많이 있기 때문에 책의 내용을 이해하는 데 어려움은 별로 없어 보였다. 책 속 주요 등장인물의 이름을 한글로 써 보고, 책의 제목도 크게 외쳐 보았다. 이가 아파서 계속 소리를 지르는 주인공의 외침이 재미있는지 학생들은 계속해서 책 제목을 크게 외치고 돌아다니기 시작했다.

그 다음으로 내가 학생들에게 책을 읽어 주었다. 책을 한 장 한 장 넘기면서 책 속에 담겨 있는 그림들도 하나하나 자세히 살펴보았다. 이미 책 내용을 파악하여 너무 쉽다고 하면서 엎드려 있는 학생도 있었다. 그래도 귀는 선생님에게 집중해 달라고 부탁하며 이야기를 끝까지 읽어 나갔다.

책을 다 읽고 난 뒤에 책 제목을 학생들의 모어인 러시아어, 아랍어, 태국어로 번역하여 다시 알려 주었다. 그리고 이야기의 전체 줄거리 또한 모어로 번역하여 안내하였다. 아랍어를 사용하는 학생 무하마드는 차라리 한국어로 다시 들려달라고 해서, 천천히 한국어로 줄거리를 읽어 주었다. 정확히는 아니지만 대강의 내용을 파악하는 듯 해 보였다. 모어 수준도 학생마다 차이가 있다는 것을 이때 파악할 수 있었다.

학생들이 대강의 줄거리를 파악하게 되면서 책의 내용에 대한 생각을 물어보았다. 러시아에서 온 지 얼마 안되는 한 학생은 대강의 줄거리만 파악한 채로 "사람을 외모로만 판단해서는 안 된다."라고 글로 써서 나에게 주었다. 책을 함께 읽는 것만으로도 한국어

소통이 어려운 학생조차 책에서 주는 메시지를 직관적으로 이해했다는 것에 놀라기도 했고 뿌듯하기도 했다.

그림책 속에 나오는 낱말의 뜻을 추측하여 써 보게 하는 활동이 다음 순서였다. 그림책에 있는 그림을 참고해서 낱말의 뜻을 모어나 그림으로 표현하는 활동이다. 한국어 수준이 제일 높은 학생 바달은 대부분의 뜻을 바르게 추측하였다. 의성어와 의태어로 형태로 표현하는 학생, 전혀 활동에 참여하지 않는 학생, 그림으로 표현하는 학생이 있었다. 무하마드는 몸동작으로 직접 뜻을 표현하고 싶어 했다. 이처럼 학생들은 정말 다양한 언어로 자신의 생각을 표현하고 있었고, 듣기에도 참여하는 모습을 보였다. 마지막 부분에 내가 낱말의 뜻을 각자의 모어로 번역해서 알려 주자, 다함께 "아하!"를 외치며 기뻐했다. 학생들이 무엇인가를 알게 되었을 때 외치는 "아하!" 소리는 정말 아름답다. 이 과정에서 서로의 모어를 따라 하며 웃는 아이들의 모습도 나에게는 매우 인상적이었다. 친구의 모어를 장난하듯이 흉내내는 것이 아니라, 같은 뜻의 단어를 어떻게 말하는지 궁금함에서 나오는 따라하기였다.

다음으로 이야기의 순서를 정리하는 활동을 해 보았다. 그림만 보고 전체 이야기 순서를 짐작해서 칠판에 그림을 나열하는 방법이다. 혼자서도 해 보고 친구와 같이도 해 보고, 학생들은 순서 맞추기에 집중하는 모습을 보였다. 서로 말은 하지 않아도 맞다, 틀리다의 표현은 가능했고 학생 모두 함께 참여해서 드디어 칠판에 순서대로 그림 맞추기가 완성이 되었다. 그 후, 학생들은 자기 자리로 돌아가 그림을 순서대로 붙여 각자의 책을 완성했다. 그림 밑에는 이야기 내용도 한글로 써 나갔다. 가능한 학생은 자신의 모어로도 표현하게 했다. 자신이 가장 마음에 드는 장면을 골라 겉표지에 그리고 책 만들기 활동을 마무리했다.

이제 직접 이야기의 등장인물이 되어 역할극을 해 볼 순서이다. 역할극의 대사를 연습하기 전에 먼저 해당 장면에서 등장인물이 느끼는 감정에 대해 알아보았다. 어떤 감정인지 파악이 되어야 대사의 내용을 더 잘 이해할 수 있을 것 같았다. 어떤 장면에서 등장인물들이 서로 다른 감정을 느끼고 있다는 것을 학생들은 곧잘 파악하고 있었다. 서로의 오해로 인해 감정이 다를 수 있고, 감정이 서로 달랐기 때문에 오해가 생겼을 수도 있다.

등장인물의 감정선을 파악한 뒤 대사 연습에 들어갔다. 학생들은 처음에는 생김새 때문에 부정적으로 생각했던 등장인물 역할을 이제는 서로 맡고 싶어 했다. 역할 배정을 마치고 각자 자신의 대사를 연습하기 시작했다. 이 프로젝트에서 가장 어려웠던 지점이었다. 한국어로 된 문장의 내용을 이해하지 못하니 끊어 읽기나 억양도 어색했고, 자신이 어느 부분에 말해야 하는지도 잘 알지 못했다. 한국어 실력이 가장 우수하지만 친구들과의 수준 차이로 이야기를 잘 안 하던 바달이 그때 나에게 큰 힘이 되어준 학생이다. 역할극 지도에 내가 힘들어하는 것을 보았는지, "친구들에게 러시아어로 설명해 줘도 될까요?"라고 말한 뒤, 러시아어권 학생들에게 도움을 주기 시작했다. 네가 있어 정말 다행이라고 말해 주었다. 바달은 친구들에게 한국어를 러시아어로 통역하여 설명을 해 주는 역할을 하면서 많이 힘들어 했다. 그러나 활동을 해 나가면서 바달의 한국어 실력은 계속 향상되고 있었다. 프로젝트의 목표가 완벽한 역할극 공연이 아니고 그 과정에서의 배움이니까 괜찮다, 이미 많은 배움이 있었다 라는 생각으로 그 활동을 마무리했던 것 같다. 학생들은 함께 촬영한 역할극 영상을 보면서 깔깔대며 웃어댔다. 누가 잘하고 못하고는 이미 그들에게는 상관없는 일이었다.

이제 마지막으로 정리할 시간이 왔다. 나는 이야기의 주제인 편견과 오해의 문제를 학생들의 삶과 연결 짓고 싶었다. 그래서 한국에 와서 겪은 불이익에 대해 이야기해 보라고 했다. 많은 경험을 이야기할 거라고 예상했는데, 의외로 나쁜 기억은 없다고 한다. 생각보다 편견과 차별을 겪은 경험이 없는 듯했다. 한편으로는 다행이라고 생각했다.

없는 편견도 만들어 내지 말자고 생각을 다시 한 뒤, 질문을 바꾸었다.

"한국에 와서 가장 어려웠던 점이 뭐예요?"

학생들은 음식, 종교 등 다양한 문화를 이야기했지만, 가장 어려운 것은 한국어를 배우는 것이라고 했다. 그렇게 어려운 한국어를 지금 여러분은 잘 배우고 있다고 힘내라고 응원해 주었다.

그리고 이야기의 주제로 돌아와 등장인물에 대해 어떻게 생각하는지와 책을 읽고 알게 된 점도 물어 보았다. 이야기가 끝날 때는 모두 좋은 사람임을 알 수 있었다고, 겉모습만 보고 판단해서는 안 된다고, 상대방에 대해 잘 몰라서 무서워하고 경계했을 뿐이라고 말하는 학생들을 보면서 이런 질문으로 프로젝트를 마무리했다.

"그리고 그 등장인물들은 어떻게 살았을까?"

학생들은 각자의 답변을 통해 등장인물들의 삶에 대한 기대감을 표현했다. '이방인이 이를 잘 닦아서 더 이상 충치가 생기지 않고 건강하게 살았다', '또 다른 이방인이 등장하여 마을은 다시 혼란스러워졌다', '마을을 떠났던 충치가 심했던 이방인이 다시 돌아와 함께 행복하게 살았다' 등 다양한 이야기들이 나왔다. 그리고 나를 포함한 우리 모두는 이야기에 나오는 등장인물과 헤어짐의 인사를 나눴다. 그들이 행복하게 살기를 기대하면서 말이다.

프로젝트를 통해 학생들은 한국어, 모어 및 비언어적 요소를 모두 활용하여 소통하려고 노력했다. 관심과 흥미를 가지고 집중하는 모습도 보였다. 필요성을 느끼니 다른 언어를 사용하는 친구나 교사와 적극적으로 소통을 시도하기도 했다. 수업의 내용을 실생활 속에서 표현하며 함께 웃는 순간도 있었다. 무엇보다 서로 다른 언어로 소통해야 하는 상황이 발생했고, 성공적인 소통을 위해 자신의 생각과 느낌을 다양한 언어로 표현해 보는 것을 함께 경험했다. 물론 어려움도 많았다. 맥락을 공감하도록 지도해야 한다는 점, 프로젝트를 설명하고 진행하는데 시간이 매우 많이 소요된다는 점, 프로젝트 전반에 걸쳐 여전히 소극적인 학생들을 참여하도록 유도해야 한다는 점 등이다.

교사인 나도 다중언어에 익숙해지면서 다중언어 수업에 대한 고민은 더 깊어진다. 이 프로젝트는 학생들에게도 나에게도 의미 있는 성장의 기회가 되었다. 이 프로젝트의 마지막 질문처럼 나와 만났던 학생들은 앞으로 어떻게 살 것인가에 대해 고민하면서 말이다.

그들만을 위한 교육은 없다

2000년대 후반, 이주 배경 학생을 위한 맞춤형 지원 정책들이 나오기 시작하면서 학교 현장에서도 이에 발맞춰 관련 사업들을 활발하게 운영하기 시작했다. 나 또한 그때 근무하던 학교에서 다문화교육 업무 담당자로서 사업을 운영하면서 학교 내 이주 배경 학생과 그 가족들을 만나게 되었다. 사업의 주요 내용은 이주 배경 학생 대상 기초 한글(한국어)교육 및 학교 생활 적응 지원, 그리고 이주 배경 가정 학부모 대상 교육이었다.

제일 먼저 대상자에 포함되는 학생들을 파악하여 그들에게 무엇이 필요한지를 파악하고 본격적으로 맞춤형 지원을 실시하고자 했다. 초등 저학년 학생들에게는 한글 교육, 국어 교과 보충 학습 지도를 실시했다. 저학년은 모든 대상 학생이 국제결혼 가정 자녀로 국내 출생 학생들이었기 때문에 한국어로 의사소통을 하는 데는 별 어려움이 없었다. 그냥 기초학력 향상을 위해 국어 교과 보충 수업을 진행했고, 학생들은 소수로 지도를 받고 교사의 개별 피드백이 지속되다 보니 자연스럽게 국어 실력이 늘고 있었다.

문제는 고학년 학생들이었다. 특히 국어 공부도 잘 하고 다른 교과 성적도 우수하고, 학교생활도 잘 하고 있는 이주 배경 학생들 말이다. '뭘 해 줘야 하나? 부족한 게 뭐가 있을까?' 라는 생각으로 학생과 학부모에게 뭐가 필요하냐고 계속 질문했고 돌아온 대답은 특별한 것은 필요 없다는 것이었다.

그런데 5학년 우리 반 학생 한 명이 고민은 하나 있다고 말했다. 한국인 아버지와 일본인 어머니 사이에서 태어난 국제결혼 가정의 자녀였던 그 남학생은 일본에 대해 공부할 때 불편하다고 했다. 공부하는 내용이 불편한 게 아니라 공부한 뒤에 다른 친구들이 자신을 바라보는 시선이 불편하다고, 그렇게 고민을 털어놓았다. 그 학생의 고민을 알게 된 후로 나는 교실에서 특정 국가에 대한 이야기가 나올 때 최대한 객관적 시각을 유지하도록 노력했다. 그것이 내가 할 수 있었던 그 학생을 배려하는 방법이었다. 끝내 그 학생의 고민은 해결해 주지 못하고 어쩌면 외면해 버린 그때의 내가 많이 부끄럽고 미안하다.

지금 생각해 보면 나는 정작 중요한 것은 간과한 채로 교사 입장에서 하고 싶은 것들만 일방적으로 투입하고 있었던 것이 아닐까 싶다. 맞춤형 지원이라는 화려한 포장지 속에 이주 배경 학생을 '결핍'의 대상으로 보고, 부족한 것을 채우려고만 하는 내용물 없는 선물을 준비하고 주려고 했던 것 같다. 또한 이주 배경 학생뿐만 아니라 모든 학생들이 함께 살아가는 데 필요한 것을 알맹이로 채워 넣어야 했던 것도 그때는 알지 못했다.

2020년 나는 초중고 통합 위탁형 공립 다문화대안학교인 한누리학교로 오게 되었다. 이 학교에 근무하면서 내가 가장 많이 받은 질문은 '왜 이 학교에 왔는지'와 '학생들과 어떻게 소통하는지'였다. 한누리학교에 온 이유는 사실 특별한 것은 없다. 다문화 정책에 대한, 이주 배경 학생에 대한 어떤 교육적 사명감을 지니고 이 학교에 온 것은 아니다. 단순히 내가 만나 보지 못한 다양한 이주 배경의 학생들을 좀 더 가까이, 그리고 자주 만나고 싶다는 개인적인 호기심으로 인해 이 학교에 지원하고 오게 되었다. 특별히 잘하는 외국어가 있는 것도 아니기 때문에 학생들과 소통하고 지도하는 것에 대한 전문적인 노하우도 전략도 없었다. 그나마 영어를 사용할 수 있는 학생들과는 처음에는 영어로 조금이나마 대화가 가능했다. 그러나 내가 한 번도 접해 보지 못한 언어, 특히 소수 언어를 사용하는 학생과 소통해야 할 때는 학생도 나도 답답한 시간을 견뎌내야만 했다. 그 학생이 기초적인 한국어를 듣고 이해할 때까지 기다림이 필요했다. 그리고 학생에게 직접 시범을 보이며 반복하는 전략, 이미지를 직접 제시하면서 이해를 돕는 전략, 다른 학생이 먼저 한 좋은 예시 자료를 참고용으로 보여 주고 학생 스스로 방법을 터득하도록 하는 전략 등을 사용했다.

오랜 경험의 시간 속, 갖가지 도전과 실패 과정을 통해 나도 나만의 내공을 쌓아 가는 중이다. 그런 과정 속에서 학생들도 나도 성장하고 있지만 이 학교에 긍정적이고 아름다운 사례만 있는 것은 절대 아니다. 서로 다른 언어를 사용하고 언어 이전에 서로 다른 문화로 인한 오해와 갈등이 계속 된다. 오히려 이 학교 학생들은 제3자의 입장에서가 아닌 당사자로서 민감한 이슈들과 거침없이 그대로 맞닥뜨려야 할 때가 종종 생기기도 한다. 학생 간의 갈등도 있지만 학생과 교사 간의 오해도 자주 발생한다. 학생의 행동을 나의 잣대로 판단한 후 어떻게 그럴 수 있냐며 화를 내었다가도 나중에 통역을 통해 학생 입장에서의 사정을 들어보면 그럴 수 있었겠구나 하고 이해가 되면서 나 스스로를 반성하게 된 적이 한두 번이 아니다. 그러나 갈등은 어느 사회에나 있는 법, 갈등이 생기지 않도록 하는 것은 불가능하다. 다만 그 갈등을 어떻게 조율하고 해결해 나가는지가 중요한 것 같다. 그런 면에서 볼 때 한누리학교 학생들도 다른 학교 학생들과 다를 바가 없다. 조금은 부족한 언어

소통의 능력을 기르면서 서로 함께 살기 위해 갈등을 조정하고 해결해 나가는 방법을 배우고 있다.

요즈음 이주 배경 학생의 강점을 살리기 위한 방법으로 이중언어교육의 필요성이 다시 대두되는 분위기다. 이에 따라 정책과 사업을 실시해야 하니 학교 현장에서도 곧 실제적인 교육을 할 대상과 방법이 필요할 것이다. 사실 이중언어교육의 중요성은 오래전부터 언급되고 있었다. 내가 2000년대 후반 맞춤형 다문화교육을 실시했던 때로 다시 돌아가 본다. 그때 베트남에서 온 이주 여성, 즉 국제결혼 가정 학생의 어머니를 대상으로 한국어를 지도했던 적이 있다. 일주일에 한 번씩 만나 한글 쓰기와 한국어 기초 회화 지도를 진행했다. 그때 나는 그 어머니에게 왜 한국어를 배우려고 하는지를 질문했었고 이러한 답변을 들었다.

"아이와 많이 이야기하고 싶어요. 그리고 학교 숙제를 도와주고 싶어요."

나는 그때 그녀의 이야기를 듣고 이런 제안을 했었다. 어머니도 한국어 공부 열심히 하시고, 당신의 자녀에게도 모어인 베트남어를 가르치면 어떠냐고 말이다. 이러한 제안이 바로 학생의 이중언어 능력을 신장시키기 위한 가장 기본적인 출발일 수 있었을 것이다.

그런데 생각해 보면 그때 내가 그 제안을 한 이유는 사실 학생의 이중언어 능력을 향상시키기 위해서만은 아니었다. 오히려 어머니와 학생이 한국어든, 어머니의 언어든 어떤 언어로라도 잘 소통했으면 하는 개인적인 바람에서 했던 말이었다. 학생이 학교에서 잘 적응하고 즐겁게 지내려면 가정에서 부모와의 원활한 소통은 매우 중요한 요소였기 때문이다. 그 후로도 돌이켜 보면 내가 만나 본 학생들 중 한국어 실력이 비교적 짧은 시간 내에 빠르게 향상된 학생들에게는, 다른 여러 가지 요인도 있겠지만, 어릴 적 타인과의 소통한 경험의 양이 매우 중요하다는 것을 알 수 있었다.

우리는 이미 어디에서나 누구나 다양한 대상을 만나고 소통해야 할 다문화사회에서 살고 있다. 그렇게 본다면 다중언어에 대한 노출과 다중언어 환경의 소통 경험은 이주 배경 학생들에게만 의미가 있는 것은 아닐 것이다. 이주 배경 학생의 강점도 살리지만 더 나아가 모든 학생이 소통 능력을 향상시킬 수 있는 다중언어교육이 무엇보다 필요한 시기라고 본다. 학생, 교사, 학부모 모두가 다중언어 공동체 안에서 각자 의미 있는 소통과 협력을 이루기를 바란다. 그 안에서 나 또한 다중언어교육의 성공과 실패 사례를 계속해서 만들어 나갈 것이다.

이진숙 초등학교 현장에서 이주배경 등 다양한 문화적 배경을 지닌 학생들과 함께 모두의 강점을 살리는 교육을 실천하고 있다. 누군가의 수준보다 스타일을 중요하게 여기며, 다름의 아름다움 속에서 모든 이가 성장할 수 있다는 믿음으로 오늘도 의미 있는 배움에 도전하고 있다.

2

반짝반짝함을 잃지 않는 교실

정주희 평택 현화초등학교

분명한 건 학생들은 현명하고 바르게
타인을 대하는 법을 배워야 한다는
것이다. 교실보다 더 다양성으로 가득
찬 사회를 살아가기 위해서이다.
아이들은 다양성을 존중하는 법도,
존중받는 법도 배워야 한다.

한 기업체가 튀르키예에서 새로운 서비스를 시작하며 이를 알리기 위한 광고를 선보였다. 광고는 실제 청각장애인을 주인공으로 한 깜짝 카메라였는데, 주인공이 누나와 함께 집을 나서면서부터 이야기가 시작된다. 길을 가다 누군가와 부딪치기도 하고, 과일을 떨어뜨린 사람을 도와주기도, 택시를 타기도 하는데 그때마다 만나는 모든 사람들이 수어手語로 그에게 이야기를 건넨다. 그는 누나에게 '저 사람도 청각장애인이야?' 또는 '아는 사람이야?'와 같은 질문을 하며 의문을 보인다. 마침내 목적지에 다다라서 해당 기업체가 광고의 일환으로 깜짝 카메라를 찍은 것이며, 영상으로 수어 상담을 받을 수 있는 서비스를 홍보하기 위해 이와 같은 촬영을 한 것이라 밝히며 이야기는 끝이 난다.

대부분의 사람들에게는 모르는 사람과 말을 주고받고 의사소통을 하는 것이 너무도 당연한 일이고, 자신의 말을 상대가 알아들을 것이라는 확신이 있을 것이다. 나 또한 마찬가지이다. 여행지가 아닌 이상 일상에서 그것을 의심하는 일은 대부분 없다. 이 광고는 다른 사람이 나의 말을 알아듣는 것이 신기한 일이 되고, 다른 사람과 소통하는 일 그 자체가 누군가에게는 당연한 일이 아니라는 점에서 나에게 큰 충격으로 다가왔다.

다중언어교육은 내게는 일상에서 누군가와 어떠한 의미나 마음을 나누는 것이 당연하지만 누군가에게는 당연하지 않으리라는 걸 알게 하는 교육이었다. 지금부터 내가 경험하고 교육한, 또 교육하고 싶은 다중언어교육에 대해 이야기하고자 한다.

왜 '다양성'인가?

나는 그 흔한 재수도 한 번 하지 않았고, 휴학을 한 적도 없다. 임용고시에 합격하고는 그해 3월에 발령을 받았다. 지금 와서 돌이켜 보면, 사회가 인정하는 어떠한 틀이나 공동체에서 한 번도 벗어난 적이 없었다는 생각이 든다. 내 스스로 어떤 불편을 겪거나 공동체로부터 벗어났다는 불안감을 느껴본 적조차 없다는 것을 미처 알지 못했다. 내가 '우리 사회에서 주류에 속해 있는 편이구나'라는 생각을 한 것은 대학원에 진학하고 나서였다.

교사로 발령 받고 2년차가 되었을 때 나는 우연히 '다문화교육' 업무를 담당하게 되었다. 그 당시 재직하던 학교는 미군 부대 인근에 위치한 학교였는데, 이주 배경 학생들이 학급마다 1, 2명씩 있었다. 나를 고민하게 했던 아이들은 외국인 가정 자녀라서 한국어로 진행되는 수업을 이해하지 못하거나 학습을 충분히 따라오지 못해 두 개 학년 아래 동생들과 학교생활을 해야 했던 이주 배경 학생들이었다. 내가 어떤 발판을 마련해 줄 수 있을지, 어떤 철학과 신념을 가지고 접근해야 하는지 업무를 하는 내내 고민했고, 나는 대학원에서 '다문화교육'을 전공해야겠다고 마음먹었다.

다문화교육은 주로 이주 배경을 가진 학생들을 대상으로 논해진다고 생각되지만, 공부하면 할수록 되레 한국 사회에서 태어나 한국 사회에서 자라고 있는 우리 반 아이들에게 굉장히 필요한 교육이구나 생각하였다.

엄연히 한 사회인 교실에서 또한 주류와 비주류를 나눌 수 있다. 여기에는 여러 기준이 있다. 쉽게 떠올릴 수 있는 기준인 '이주 배경을 가졌는지 아닌지, 한국어를 유창하게 할 수 있는지 없는지' 부터 '영어를 구사할 수 있는지 없는지, 체육을 잘하는지 못하는지, 유행하는 춤을 잘 추는지' 등과 같이 기준은 무궁무진하고 그때마다 아이들은 주류에 속하기도, 비주류에 속해지기도 한다. 그런데 그 중 힘을 가지는 기준들이 생긴다. 이 기준에서 비주류에 속하게 되는 경우 아이들은 자신이 잘못되었다고 생각한다. 그저 다른 것뿐이라는 생각을 하지 못하고, 주류에 속하기 위해 노력한다. 그리고 아이들은 그것을 주류에 속하려는 노력이라고 여기기보다 평균에 속하려는 노력으로 받아들인다. 다른 사람과 같아지기 위해 더 노력하고, 그렇지 못하면 좌절한다. 그래서 나는 다양성에 주목하기 시작했다.

교실은 그야말로 모두 다른 사람들이 모여 있는 공간이고, 각각이 가지는 다양성이 드러날 수밖에 없다. 아이들은 나와 다른 사람을 대하는 방법을 교실에서 배운다. 즉 나와 달라도 함부로 하지 않으며 괴롭히지 않아야 하고, 누군가와 나는 그저 다를 수 있으며, 그것에 대해 상대도 나를 불편하게 여길 수 있다는 것을 알도록 해야 한다. 때때로 아이들은 교실 속에서 자연스럽게 알게 되기도 한다. 분명한 건 학생들은 현명하고 바르게 타인을 대하는 법을 배워야 한다는 것이다. 교실보다 더 다양성으로 가득 찬 사회를 살아가기 위해서이다. 그러나 그중 전혀 생각지도 못했던 것은 언어적 다양성이었다.

왜 '다중언어교육'인가?

상상해 보자. 당신은 버스에 탑승해 있고, 당신의 뒷자리에 어떤 사람이 통화를 하고 있다. 이 사람이 영어로 유창하게 통화하고 있다면, 당신은 이 사람의 배경에 대해 어떻게 짐작할까? 이번에는 뒷자리에 앉은 사람이 다른 언어를 구사하고 있다고 생각해 보자. 당신은 이 사람이 어떤 배경을 갖고 있다고 생각하게 될까? 사람들은 그 사람이 구사하는 언어만 가지고도 국적, 학벌, 직업 등 많은 배경을 짐작한다. 언어는 타인과 의사소통하는 것 이상의 역할을 이미 수행하고 있다.

'당신은 다중언어 구사자인가요?'라는 질문을 받는다면, 대부분의 사람들은 '아니오'라고 답할 것이다. 심지어 영어로 간단히 묻고 답하며 여행을 다닐 수 있는 사람일지라도. 나 또한 당연히 '아니오'라고 답하던 사람이었다. 하지만 이제는 '네'라고 답한다. 이름 정도만 물을 수 있어도 나는 나의 언어 레퍼토리repertory에 그 언어가 있다고 답한다. '아니오'라고 답하던 나와 '네'라고 답하던 나는 여전히 비슷한 수준의 언어를 구사한다. 다중언어교육에 대해 탐구하며 나의 생각이 왜 달라졌는지, 그래서 내가 궁극적으로 학생들에게 다중언어교육을 실시하고자 하는 이유는 무엇인지 이야기해 보고자 한다.

다문화교육에서 이중언어, 다중언어는 빼놓을 수 없는 주제이다. 이주 배경 학생들의 경우, 최소 두 가지 언어 환경에 놓이게 된다. (단, 어떤 언어를 얼마만큼 구사할지는 학생 또는 가족 공동체가 선택하게 되겠지만) 내가 다중언어교육에 대해 이야기할 때면 주변인들은 이주 배경 학생들은 당연하게도 다중언어를 구사할 수 있을 것이라 생각하고, 이주 배경 학생들의 장점이자 경쟁력으로 이중언어 또는 다중언어를 구사하는 것을 꼽았다. 또 이중언어나 다중언어교육은 이주 배경 학생들을 대상으로 하는 교육이라고 생각한다. 그러한 생각들을 마주쳐 올 때 나는 '다중언어교사 실행공동체'에 참여하게 되었다.

'다중언어교사 실행공동체'를 시작할 때만 하더라도 나 또한 다중언어교육은 여러 언어를 가르쳐야 한다는 생각, 다언어를 구사하는 교사여야만 가능하다는 생각, 다중언어교육을 위해서는 다른 수업보다 더 많은 준비와 노력이 필요할 것이라는 생각에서 벗어나지 못했다. 그러나 '다중언어교사 실행공동체'에 참여하면서 단순히 언어 경쟁력을 키우는 것 이외의 다른 목표를 볼 수 있게 되었다.

아이들이 다양한 언어를 배워서 어떤 사람으로 자라길 바라는지 누군가 묻는다면 나는 제2의, 제3의 언어를 유창하게 구사하는 데에 목표를 두지 않는다고 답할 것이다. 나는 아이들이 다른 언어를 경험함으로써 다른 언어권의 사람과 소통하고자 하는 태도, 개방적이고 수용적인 자세, 무지함으로부터 오는 판단을 유보하는 사고를 키우는 것에 목표를 둔다.

언어는 단순히 의미를 전달하는 말과 글에 그치지 않는다. 우리 반에 미국인 가정의 자녀가 재학했던 적이 있다. 이 학생과 학생의 누나는 한국어에 아주 능통하였다. 당시 학생이 초등학교 1학년이었는데, 심지어 한국인 가정에서 태어난 아이들보다 받아쓰기나 국어 평가에서 좋은 점수를 받았다. 이 학생의 어머니는 한국어에 서툰 편이셨는데, 3학년이었던 학생의 누나가 학교와 가정 간의 통역을 담당했다. 동생에 관한 일도 누나가 살뜰히 챙기며 가정에 필요한 내용을 전달하곤 했는데, 그럴 때면 나와 영어로 대화를 나누기도 했다. 그러다 학생의 부모님이 본국으로 돌아가기 위한 절차를 상담하기 위해 학교에 방문하였고, 학생의 누나는 아주 들뜬 목소리로 '이 선생님 영어 할 수 있어요!'라며 날 자신의 부모님께 소개하였다. 짧은 대화였지만, 그간의 대화를 통해 학생의 누나는 나와 부모님이 충분한 소통을 할 수 있을 거라는 기대감을 보였던 것이다. 그렇지만 나는 정확한 내용 전달이 필요하다고 판단하였고, 전문적인 지식을 갖춘 영어 전담 선생님과 원어민 교사의 통역을 거쳐 소통하였다. 내가 그러한 방법을 선택하였을 때 그 학생의 누나는 실망하고 당황스러워 했다. 나는 그 아이가 그런 반응을 보이는 것에 더욱 놀랐다. 나에게는 정확한 의미 전달이 중요했던 반면, 그 아이는 그간 나와 나누었던 관계성에 갑작스럽게 벽이 생겼다고 느낀 게 아니었을까 추측해 본다. 이와 같이 언어는 의미 전달 이상의 어떤 역할을 한다.

모든 언어는 그 자체로 권위를 가지는데, 교실의 장면마다 그 권위의 위계는 조금씩 달라진다. 이주 배경 가정을 상담하고자 할 때, 나는 아버지와 어머니 모두와 상담하고 싶지만 한국어가 서툴다는 이유로 다른 국적을 가진 부 또는 모와의 소통은 완전히 차단되는 경우도 있다. 이 장면에서는 한국어가 다른 언어보다 높은 위계를 가진다. 한국어로 소통할 수 있는 학부모는 교사와 더욱 단단한 신뢰 관계를 형성할 수 있다. 자녀에 대해 더 많은 정보를 취득할 수 있다. 다른 나라로부터의 이주 경험이 있는 학생에게도 마찬가지이다. 다른 나라에서 사용하던 언어는 이제 가정에서만 사용하는 언어가 되고, 한국어는 학교에서 사용하는 공식적이며 높은 권위를 가진 언어가 된다. 반대의 경우도 있다. 한국에서 몇 년 거주하다가 다른 나라로 이주하거나 본국으로 돌아갈 계획이 있는 경우, 한국어는 굳이 배우지 않아도 되는 언어로 여겨지기도 한다.

주의 깊게 볼 장면은 한국어 안에서도 위계가 생긴다는 것이다. 초등학교 저학년 교실에서는 한글을 쓸 수 있음과 없음에 따라 학생이 접할 수 있는 정보, 자신이 표현할 수 있는 정도가 달라진다. 또 표준어를 주로 구사하는 학생 집단에 사투리를 사용하는 학생이 있다면, 주위 학생들이 사투리를 따라 하거나 재미를 느끼는 요소로 생각하거나 말투가 특이한 친구라고 생각하는 등의 사례가 바로 그렇다.

그래서 나는 내가 가르치는 아이들이 언어를 학습함에 있어 문턱은 낮추고 조금이라도 스스로 배우고자 하는 의지를 갖게 해 주려 노력하였다. 배우고자 하는 의지는 다른 언어에 개방적인 태도를 갖게 한다. 학생들이 다양한 언어를 접하는 과정에서 한국어와 다른 언어, 표준어와 방언 등 지금까지 깨닫지 못한 다양한 언어 계층과 위계를 느끼게 해주고 싶었다. 이 위계를 타파해 나가기 위해서는 위계가 있다는 것을 확실히 알아야 한다고 생각하였다.

나는 짧게나마 교실에서 다중언어와 관련된 수업을 시도해 보고, 학생들과의 일과 속에서 자연스럽게 다중언어에 수용적인 환경을 만들어 보려 하였다. 이러한 목표를 바탕으로 실제 다중언어 수업을 기획하기도 하였다. 내가 기획한 다중언어 수업은 총 3차시이고, 얼마든지 그 이상으로 확장시킬 수 있다. 기획에 앞서 나는 이 수업의 대상을 한국어를 사용하는 사회에서 생활하는 대다수의 이주 배경이 없는 학생으로 선정하였다. 누구나 어디에서나 볼 법한 교실에서 적용할 수 있어야 한다고 생각했기 때문이다. 학생들이 사회가 혹은 자신이 갖고 있는 언어적 고정관념을 알고, 수업을 통해 다양한 언어를 편견 없이 존중하는 자세를 배우기를 기대하였다.

언어적 다양성을 존중하는 것은 매우 중요하다. 언어는 곧 정체성이다. 어떤 사람이 구사하는 언어만 가지고도 사람들은 많은 판단을 하게 된다. 나는 이미 매체를 통해 자연스럽게 습득된 언어 계층이나 고정관념을 잠시나마 흔들고, '우리는 다양한 언어에 대해 편견 없이 배우고 존중할 필요가 있다'는 메시지를 전달하고 싶었다. 다만 우려하였던 것은 언어 차별이나 고정관념이 언어를 사

다중언어교육을 위해 기획한 교수학습지도안(1, 2차시)

<table>
<tr><td>학습목표</td><td colspan="5">다양한 언어가 존재함을 이해하고 존중하며 언어에 대한 편견과 고정관념을 성찰하여 이를 해결하기 위한 마음가짐을 갖는다.</td></tr>
<tr><td rowspan="2">관련
교육과정</td><td>학년</td><td>교과</td><td>단원</td><td colspan="2">성취기준</td></tr>
<tr><td>4</td><td>IDEA</td><td></td><td colspan="2">[D1-41] 다양한 가족 형태, 문화, 언어, 인종, 성별 등의 특징을 이해하고 존중한다.
[E2-42] 편견(고정관념, 선입견 등)으로 인해 발생하는 문제들을 찾아보고, 반편견 태도를 갖는다.</td></tr>
<tr><td>학습단계</td><td colspan="4">교수 · 학습 활동</td><td>◇ 학습자료
※ 유의점</td></tr>
<tr><td>준비하기</td><td colspan="4">[우리나라에서 사용하는 다양한 언어 떠올리기]
- 내가 알고 있는 방언(사투리)과 그 방언을 주로 사용하는 지역 이야기해보기
• 전라도, 경상도, 강원도, 충청도, 제주도 등
• 매체를 통해 알게 된 방언도 자유롭게 발표하기
• 한국어 내에서도 다양한 언어가 존재함을 이해하기</td><td>◇ 학생들이 발표하며 사투리를 흉내내고자 한다면 자유롭게 둔다.</td></tr>
<tr><td rowspan="3">활동하기</td><td>활동 1</td><td colspan="3">[여러 방언을 들으며 화자에 대해 추측하기]
- 각 지역 방언을 들으며 화자에 대해 추측해 보기
• 말하는 이의 성격, 직업, 학력 등을 추측해보기
• 각 방언이 주는 느낌 자유롭게 이야기하기
• 각 방언을 사용하는 사람을 영화나 드라마에서 접했다면, 그때 어떤 느낌이었는지 발표하기
• 학생들의 의견을 허니컴보드에 적어서 칠판에 붙이기(같은 생각을 한 학생이 있다면 학생 수 함께 써 두기)</td><td>◇ 동영상, 허니컴보드
※ 대화내용에 집중하기보다 방언에 대한 느낌이나 매체에서 봐왔던 느낌을 주로 이야기하도록 한다.</td></tr>
<tr><td>활동 2</td><td colspan="3">[고정관념 들여다보기]
- 허니컴보드를 함께 보며 고정관념 찾아보기
• 고정관념의 의미 이해하기(생략 가능)
• 우리가 발표한 내용 중 많은 학생들이 공통적으로 가진 느낌이나 생각은 없었는지 찾아보기
• 그중 부정적이거나 낮잡아 본 것은 없는지 확인하기</td><td>※ 고정관념의 의미를 모를 경우 의미를 이해하는 시간을 먼저 갖는다.</td></tr>
<tr><td>활동 3</td><td colspan="3">[언어 차별을 느낀 사람들의 사례를 공유하고 이해하기]
- 매체나 일상에서 방언 사용자에 대해 가진 편견을 다룬 동영상 함께 보기</td><td>◇ 동영상, PPT(찬드라 쿠마리 구릉 소개), 신문기사</td></tr>
</table>

활동하기	활동 3	• 이와 같은 편견이나 고정관념이 사회에서 공유되고 대중매체를 통해 확산됨을 이야기하기 • 어떤 언어를 구사하든 모두 같은 권리와 자유를 누려야 함을 이야기하기 - 찬드라 쿠마리 구룽의 사례(네팔 출신 찬드라 씨를 행려병자로 오인하여 6년 4개월 동안 정신병원에 있게 한 사건) 소개하기 • 위 찬드라 씨 사건에서 사람들이 갖추었으면 좋았을 태도나 사람들이 찬드라 씨를 위해 해 줬으면 좋았을 일 이야기하기 - 우리 일상에서 쉽게 찾아볼 수 있는 차별의 모습 공유하기 • 외국인이 서툴게 말하는 모습을 희화화하는 단어나 개그 소재로 삼은 동영상과 신문 기사 보기 • 왜 위와 같은 단어나 개그가 문제가 될 수 있는지 이야기하기	
정리하기	[다양한 언어를 존중하는 태도 기르기] - 세 가지 언어 차별 사례를 떠올리며 우리가 가져야 할 태도 발표 • 새롭게 알게 된 점이나 새롭게 생긴 질문 등 발표하기 • 우리가 다른 언어를 접할 때 가져야 할 태도는 무엇일지 이야기하기		◇ 붙임쪽지

용하는 사람의 잘못이라고 치부하지 않을까 하는 점이었다.

앞에서 잠시 언급했다시피 아이들은 어쩌다 수업 시간에 방언을 구사하는 학습 자료를 보여주기만 해도 아주 색다르게 반응한다. 경상도의 해녀 할머니가 해양 오염에 관해 방언으로 이야기하는 『할머니의 용궁 여행』 같은 그림책을 읽어 주다 보면, 선생님이 들려주는 말소리가 어느 지역의 방언인지 궁금해 하는 학생도 있고, 금세 말씨를 따라 해 보는 학생도 많다. 저학년 학생 중에는 왜 이상한 말을 들려주냐고 되묻는 아이도 있었다. 다른 나라의 언어뿐만 아니라, 우리나라 내에서도 이미 언어 계층은 분명히 존재한다. 아이들은 나와 다른 말소리를 다른 언어로 받아들인다.

나의 언어와 사회의 언어가 같지 않다는 것은 다른 사람들과 같은 생활을 영위하는 데에 제약이 생긴다는 의미이다. 그러나 나의 언어와 사회의 언어가 언제나 같을 수는 없다. 그렇다면 최소한 사회가 나의 언어를 받아들일 준비가 되어 있거나 나의 언어와 같이 또 다른 언어가 존재하는 상황을 인지하고 대비할 수 있어야 한다. 사회의 주류 언어에 개인이 적응해야지, 개인이 무조건 배워야지 하는 식의 접근은 현시대와 미래 역량에 맞지 않는다. 한 공간 안에서 사용되는 언어는 점점 더 다양해질 것이고, 그 다양성을 제대로 바라보지 않으면 언어로 인한 불평등은 점점 더 심화될 것이다. 교육 현장에서도 이와 같은 일은 언제든 벌어질 수 있다. 단순히 이주 배경 학생들에게서만 일어나는 일이 아니다.

이상함을 느끼는 사람으로 성장하기

여러 방송과 매체에서 '다른 나라 사람이 서툴게 한국어를 구사하는 모습'을 흉내 내는 것은 오랜 기간 동안 흔히 사용된 웃음의 소재였다. 특유의 억양, 서툰 발음 등을 그럴 듯하게 흉내 내어 많은 사람들의 공감을 얻곤 했다. 그런데 우리는 그 모습을 보며 그저 웃기만 해도 되는 것일까. 분명 그러한 콩트와 묘사는 사람들에게 재미를 주는 데에 목적이 있다. 누군가를 비하하려는 의도는 전혀 없다는 것을 모두 알 것이다. 그러나 이제는 그저 웃는 데에서 그쳐서는 안 된다.

일례로 영국의 한 라디오 진행자가 '중남미 출신 사람들이 영어를 구사하는 모습'을 흉내 내어 노래를 불렀고, 영국인들 스스로 '모욕적인 노래'라며 목소리를 내었다. 이것은 매우 차별적인 행위로 인식되며 결국 해당 진행자가 사과하기에 이르렀다.

더 이상 위와 같은 일들이 재미있다는 이유로 마냥 용인되지 않는다는 사실을 학생들에게 전해주고 싶었다. 왜 드라마나 영화에는 순박한 사람 또는 폭력적인 사람이 등장할 때 자주 사용하는 특정 지역의 방언이 있을까, 나는 그걸 왜 이상하게 여기지 않았을까, 그런 의문들을 학생들 스스로 가지기를 원했다. 내가 기획한 다중언어교육 수업은 한국어 안에서도 다양한 언어가 존재하고 평소 대중매체의 영향에 따라 사람들에게 각 언어가 다르게 판단됨을 깨닫게 하는 데에서 시작하였다. 여러 지역의 방언을 들으며 화자에 대해 추측해 보기로 하였다. 성격, 직업 등을 추측해 보고 각 방언이 주는 느낌을 자유롭게 적어 칠판에 붙이도록 하였다. 그리고 학생들이 자유롭게 발표한 내용 중 공통된 느낌이나 생각은 없는지, 그중 부정적이거나 낮잡아 보는 부분은 없는지 확인하도록 하였다.

초등학교 4학년은 편견, 고정관념 등과 같은 개념을 학습하기 때문에 자신의 생각이나 느낌을 되돌아보게 하면서 이와 같이 스스로 자신의 사고를 반성하고 성찰하는 것이 가능하다. 학생들이 비슷하게 느낀 느낌이나 생각은 곧 편견이나 고정관념일 수 있고, 사회에서 이러한 고정관념을 공유하게 되어 어떤 문제점이 생기는지 살펴본다. 이를 위해 방언을 사용함으로써 겪었던 언어 차별의 사례 등을 다룬 인터뷰 영상을 활용하기도 하였다.

어떤 언어를 구사하든 모두 같은 권리와 자유를 누려야 함을 특히 학생들에게 전달하고 싶어서, 언어 차별의 사례 중 하나인 '찬드라 쿠마리 구룽'의 이야기를 소개하였다. 찬드라 쿠마리 구룽의 사례는 네팔 출신 찬드라 씨를 행려병자로 오인하여 무려 6년 4개월 동안 정신병원에 있게 한 사건이다. 찬드라 씨는 당시 공장에서 외국인 노동자의 신분으로 일하고 있었으며 경찰이 그녀를 체포했을 때 끝없이 네팔어로 자신은 행려병자가 아님을 이야기하였으나, 그녀가 하는 말이 어떤 언어라는 인식을 전혀 하지 못했던 주변인들로 인해 6년 4개월이라는 긴 시간 동안 정신병원에 감금되었고 그녀의 삶은 통째로 무너지고 말았다. 이 충격적인 실화는 2003년 옴니버스 형식의 영화《여섯 개의 시선》중 박찬욱 감독이 연출을 맡은 단편《믿거나 말거나, 찬드라의 경우》로 소개되기도 하였다. 이 사건을 다루며 사람들이 갖추었으면 좋았을 태도

등에 대해 학생들이 이야기하고 학생 스스로 다른 언어에 대해 판단을 유보하는 태도의 필요성을 깨닫는 기회를 갖도록 하였다.

위와 같은 교육 활동을 시작으로 나는 '언어 차별'에 대해 더 깊이 다뤄보고자 하였다. 2차시에서는 우리 생활 속 매체를 통해 아주 쉽게 목격할 수 있는 차별의 모습을 찾아보도록 하였다. 외국인이 서툴게 한국어를 구사하는 모습을 희화화하는 영상 등을 소개하였다. 그리고 그것이 왜 문제가 될 수 있는지 이야기하도록 하였다. 조금 더 깊게는 그러한 일들이 단순히 희화화될 때 대중들이 가지게 될 인식과 차별에 대한 무뎌질 것을 경계하기를 가르치고 싶었다.

1-2차시를 거치며 아이들이 보여준 반응 중 첫 번째는 우선 다른 언어가 있다는 걸 인식하는 것이었다. 이때의 '언어'는 한국어와 다른 언어를 뜻하기도 하고, 한국어 내 여러 방언을 뜻하기도 한다. 수업을 하며, 영어는 이미 아이들 삶에 필수적인 요소이지만 그 외 다른 언어에 대해서는 인지 자체를 못하고 있다고 느끼기도 했다. 아이들이 인지하는 다른 언어는 주로 영어, 일본어, 중국어에 국한되어 있었다. 두 번째 반응은 충격적인 사례에 대한 놀라움이었으며, 세 번째는 자신 또는 다른 사람들이 그간 행해 왔던 행위가 차별이 될 수 있다는 것을 몰랐다는 깨달음이었다. 인종, 국적, 성별, 장애 등으로 인한 차별은 충분히 많이 배워 왔고 예상했었지만 언어로 인한 차별은 생각조차 못했던 듯싶었다. 언어 차별

에 대한 개념을 처음 접해 보기에 언어가 달라 생길 수 있는 차별의 사례에 대해 떠올리는 것이 쉽지는 않았다. 아이들은 주로 여행자나 이주 배경을 가진 사람이 다른 언어를 사용한다는 이유로 어려움을 겪는 사례를 떠올렸고, 그러한 어려움이 피부색에 기인했다고만 생각하던 모습에서 언어의 문제로 확장하여 생각하는 것을 느낄 수 있었다.

그 후 이어지는 차시로 수학 교과에서 '다섯 자리 수'를 배우며 '일, 십, 백, 천, 만'을 우리 말과 함께 다른 언어로도 익혀 보도록 기획하였다. 특히 주변 국가의 언어를 배워 보도록 하였다. 다른 언어를 활용해도 되었지만, 우선 아이들에게 '언어'로 확실히 인지되는 중국어와 일본어를 활용하였다.

수학 시간에 배우는 주요 낱말들을 외국어로 학습하는 차시라니 지나치게 단순한 접근이 아닌가 의문이 들기도 할 것이다. 그러나 나는 학생들에게 수업 시간에 다루는 언어와 그렇지 않은 언어 간에 당연히 위계를 느낄 것이라 생각하였다. 여행을 가고 여가를 즐길 때 다루는 언어와 수업 시간에 공식적으로 다루는 언어 사이에는 학생들이 체감하는 중요도의 차이가 존재할 것이라고 추측하였다. 학생들이 스스로 명확하게 인지하지 못할지라도 말이다. 수업 시간에 기존과는 다른 언어를 다룸으로써 다른 언어와 우리 말 사이의 연관성을 알고 다른 언어에 대해 관심과 개방적인 태도를 갖게 되기를 목표하였다. 여러 언어의 공통점과 차이점을 배우며 학습자 스스로 높은 관심과 추후 배우고자 하는 의지를 가지기 바랐다. 특히 수학이나 과학 교과에서 배우는 개념어는 한자어로 이루어진 경우가 많아 중국어나 일본어로도 비슷한 문자를 공유하며 각 개념의 의미를 파악하는 데에도 도움이 되리라 생각하였다.

다행히도 아이들은 대부분 재미있어하며 흥미를 보였다. 수업 초반, 굳이 왜 중국어나 일본어를 알아야 하는 반응도 있었지만, 자꾸 다른 단어나 문장을 중국어나 일본어로는 어떻게 말하는지 궁금해하기 시작했다. 이후 처음 기획하였던 3차시 수업이 끝났음에도 아이들의 관심이 지속되어 과학 시간에도 일본어와 중국어로 개념어를 함께 다루며 수업이 확장되기도 하였다. 이러한 차시 활동은 학생들의 관심과 흥미를 높이는 것뿐만 아니라 실제로 다중언어에 대해 전혀 모르는 교사가 얼마든지 시도해 볼 수 있는 방법이 되리라 생각한다.

'다중언어 수업'이라는 이야기만 들으면 '나는 다중언어를 구사할 수 있는 교사가 아니라서 그런 수업은 어려울 것 같다'는 생각이 자연스럽게 들 것이다. 그러나 다중언어 구사자만이 다중언어교육을 할 수 있는 것은 아니다. 다른 언어에 대한 개방성, 수용성을 높여주는 것 또한 다중언어교육이 추구해야 할 목표 중 하나라고 생각한다. 이러한 목표는 꼭 다른 언어를 유창하게 구사하지 않더라도 가능하다. 위에서 보았다시피, 한국어 내에 존재하는 표준어와 방언 간의 위계 등을 다루는 방법도 있고, 교사가 다른 언어를 중요하게 여긴다는 어떠한 사인sign만 보여도 충분하다. 그러니 다중언어교육을 두려워하고 겁내는 많은 선생님들도 부담 없이 한 번 시도해 보길 바란다. 다른 언어에 대한 개방성과 수용성을 높여주는 것은 일반 가정 학생들에게는 다른 문화, 다른 언어에 대한 고정관념과 편견을 줄이는 교육이 될 것이고, 이주 배경 학생들에게는 사회의 잣대와는 상관없이 자신의 정체성을 마음껏 드러내고 표현할 수 있는 계기가 될 것이다.

다양성을 존중하는 교실을 꿈꾸는 선생님

이 글을 쓰던 해, 우리 반의 별칭은 '별반'이었다. 2학년 아이들이 직접 지은 이름이다. 우리 반 친구들이 반짝반짝해서 붙이고 싶은 이름이라고 했다. 그 말이 교육자로서 내가 만나는 아이들에게 오래오래 남겨주고 싶은 마음과 닿아 있었다. 나는 자기 자신을 표현하고 싶어 하고, 있는 그대로를 인정받고 싶어 하는 아이들이 각자가 가지고 있는 반짝반짝함을 잃지 않는 그런 교육을 꿈꾼다. 그래서 나는 더더욱 서로의 다양성을 존중하는 교실을 꿈꾼다. 아이들은 다양성을 존중하는 법도, 존중받는 법도 배워야 한다. 다중언어교육이 그러한 교실로 나아가는 걸음 중 하나라 믿고, 누군가 이 걸음을 같이 걷길 바라며 글을 마친다.

정주희 신규 교사 시절, 우연히 맡은 다문화교육 업무가 나의 한 부분을 이렇게나 차지하게 될 줄이야! 아이들이 어른이 되면 좀 더 다정한 사회에서 살게 되길 바라던 내게 다문화교육은 그 '다정함'을 이끌어 내는 교육이라고 느껴졌다. 아이들이 다정한 어른으로 클 수 있도록 돕는 선생님이다.

3

초록색 안경을 낀 여행자

추혜영 안산 관산초등학교

눈을 뜨고도 볼 수 없는 많은 것들이 있고, 눈을 감아도 보고자 하면 보이는 것들이 있다. 지금 내가 어떤 색의 안경을 끼고 세상과 사람을 바라보고 있는지 자각하는 것도 결국은 자신의 몫이다.

무던한 학생과 동료를 만나 무탈하게 학교생활을 하는 것이 동시대를 살아가는 모든 교사들의 기본적인 소망이 아닐까. 시도마다 규정은 조금씩 다르지만 교사들은 짧게는 2년 길게는 10년에 한 번씩 지역 내 다른 학교 혹은 타 시도로 근무지를 옮겨야 한다. 낯선 시스템과 사람에 적응하는 일이 매번 달가울 수만은 없고 내향형 인간의 특징을 고루 갖춘 나로서는 새로운 동료나 학생들과의 만남에 설렘보다는 두려움이 앞선다. 여기에 나에게 주어진 업무를 유연히 처리해 내지 못하면 어쩌나 하는 걱정까지 더해져 새로운 근무지로 출근하기 며칠 전부터 불안함에 밤잠을 설치기도 한다. 출근 첫날, 씩씩한 미소로 무거운 마음을 애써 감추어 보지만 이곳에서 나는 그저 환영받고 싶은 '이방인'이다. 익숙하지 않은 것들에 대한 두려움과 불편함을 모르는 이는 없을 것이다. 그러나 주어진 환경에 적응하려는 노력과 시간들이 모여 삶을 이루고 더 나아가 삶의 원동력이 되기도 한다는 것을 우리는 경험으로 알고 있다. 우리 모두는 언젠가 어디에선가 '이방인'의 삶을 살아본 적이 있을 테니 말이다.

우리는 모두 이방인

'이방인'의 사전적인 의미는 '다른 나라 혹은 다른 곳에서 온 사람'이다. 다른 나라 혹은 다른 곳에서 낯선 언어와 문화에 적응해야 하는 상황에 놓인다면 나는 어떤 마음으로 그곳에서의 첫날을 맞이해야 할까. 여행, 학업, 구직, 이민 등으로 타국에 거주해 본 적이 있는 이들이라면 그 경중을 차치하더라도 터무니없는 이유로 무시나 차별을 당해 본 적이 한 번쯤은 있지 않을까. 그러나 나 역시 우리 사회의 '이방인'들을 공정하지 못한 시선으로 바라볼 때도 있고 상대의 정체성이나 문화에 대한 이해 부족으로 웃지 못할 실수를 범하기도 한다.

몇 해 전, 알고 지내던 일본어 강사님과의 식사 자리에서 어색한 분위기를 풀어보고자 "일본 사람들은 식사량이 많지 않죠? 그런데 선생님은 잘 드셔서 참 보기 좋아요."라고 가볍게 이야기를 건넨 적이 있다. 일본어 강사님은 일본인의 식사량에 관한 한국인의 고정관념에 대해 웃으며 이야기를 꺼냈고, 생각 없이 내뱉은 말로 상대방을 곤란하게 만든 것이 아닌가 싶어 아차 싶었던 기억이 있다. 3학년 학급의 담임을 맡았을 때의 일도 떠오른다. 이주 배경 어린이 또는 결혼이주여성이 음식, 언어, 외모 등의 문제로 곤란한 상황에 놓이는 내용이 온책 읽기 도서에 실릴 때가 있는데, 몇몇 친구들이 아주 해맑게 "선생님, 영철이는 다 잘 먹는데요?", "영철이는 피부가 까매도 친구 많잖아요." 등의 이야기를 꺼내곤 했다. 영철이 역시 어머니가 베트남 사람이지만 책 속의 '그들'과 다르다는 것을 강조하고 싶은 친구들의 배려였다. 하지만 그때마다 나는 영철이의 눈치를 살피며 급히 화제를 다른 곳으로 돌리거나 분위기를 유머러스하게 만들기 위해 노력해야 했다. 돌이켜 보니 조금 더 명확하게 편견이나 고정관념을 설명하고 동시에 세상에는 다양한 유형의 문화와 삶이 있다는 것을 이해시킬 지혜와 의지가 부족하지 않았나 하는 생각이 든다.

다문화사회로의 진입을 목전에 두고 있는 현시점에서 타인종, 타민족을 배제하거나 차별한다는 것을 자각하는 한국인이 몇이나 될까. 의도 없이 한 말과 행동일지라도 상대에게 모욕감 또는 적대감을 심어준다면 심어준다면 이것은 '마이크로어그레션microaggression'에 해당한다. 마이크로어그레션은 한국말로 직역하자면 '미세한 공격'이라는 뜻으로, 대놓고 하는 차별이 아닌 일상생활 중 이루어지는 미묘한 차별을 말한다. 현재 우리 사회는 다양한 문화적 배경을 지닌 이주민과 선주민이 어우러져 살아가고 있다. 미묘한 차별이건 대놓고 하는 차별이건 차별의 문제는 돌고 돌아 우리 모두에게 어려운 숙제로 남겨질 것 같다. 편견과 차별의 고리를 끊고, 상대의 언어와 문화에 대한 이해를 바탕으로 서로를 올바르게 받아들일 수 있는 교육 환경을 조성해야 할 것이고 이를 위한 진지한 성찰과 고민이 필요한 시점이다.

왜 하필 다문화교육이야?

다소 늦은 나이에 다문화교육을 공부하며 내 안의 치우친 생각에 대해 조금씩 자각하게 되었다. 다문화교육은 나에게 '세상과 사람을 따뜻한 시선으로 바라봐 줄래?'하고 이야기를 건네는 것 같았고, 사람과 문화를 공정하게 바라보는 연습을 할 수 있었던 시간을 만들어 주기도 했다. 다문화교육에 관심을 갖게 된 이유를 누군가 물어 왔고 명확한 대답을 해 주기 어려웠던 나는 대학원 지원 당시 작성했던 자기소개서 파일까지 찾아보고 난 후에야 그 관심의 시작이 어디였는지 되짚어볼 수 있었다.

내가 아시아 문화에 관심을 갖게 된 것은 해외로 여행을 다니기 시작하면서부터였다. 주머니 사정이 넉넉지 않던 대학 시절부터 배낭여행을 즐기던 나는 교직에 들어서며 따박따박 들어오는 월급의 일부를 모아 방학마다 해외로 여행을 다녀오곤 했다. 특히 소박하지만 아름다운 동남아시아 문화에 대한 애정이 있었기에 꽤 오랜 기간 아시아의 여러 나라를 들락거렸다. 여행을 할 수 없는 학기 중에는 집에서 멀지 않은 원곡동 다문화거리에서 이국에 와 있는 듯한 기분을 느낄 수 있었다. 그곳의 아시아 마켓에서 식재료를 사와 가족들과 함께 어설픈 맛이 나는 팟타이나 그린커리를 만들어 먹기도 했다. 덕분에 단골 아시아 마켓 사장님과 안면을 트게 되어 솜땀 절구 같이 구하기 힘든 조리 도구를 부탁하거나 향채나 조미료에 대한 꿀팁을 얻어 가기도 했다.

시끌벅적하고 활기찬 다문화거리에서 다양한 문화와 인종의 사람들을 마주할 수 있었다. 그들의 삶은 생각만큼 고되거나 무거워 보이지 않았고, 소소한 것에 행복을 느끼며 하루하루 열심히 살아가는 우리네의 삶과 크게 다를 바가 없었다. 평범한 행복을 누리며 사는 것은 모두에게 쉽지 않은 일이지만 우리 사회 '이방인'들의 안타까운 소식을 접할 때면 유독 마음 한 켠이 묵직해진다. 그러나 그들을 대하는 내 태도에서도 편견과 차별은 존재했기에 돌아보면 부끄럽고 후회되는 일들이 참 많다.

몇 해 전까지 몸담고 있던 학교는 공단 지역과 다문화특구 사이에 위치하고 있어 이주 배경 어린이들의 재학 비율이 꽤 높았는데 그중 지금껏 기억에 남아 있는 이주 배경 어린이가 한 명 있다.

5학년 2학기가 막 시작될 무렵 근처 학교에서 전학 온 민수는 중국 국적의 학생으로 한국 거주 기간이 짧지 않았으나 한국어가 매우 서툴렀다. 민수의 이전 학교는 중국인 친구들이 많았기에 가정은 물론 학교에서도 주로 중국어로 대화를 했고, 무엇보다 민수 스스로가 한국어를 배워 학력을 신장시키거나 사람들과 소통하려는 의지가 크지 않았다. 한국어가 서툴렀던 민수는 교과 학습을 제대로 따라오지 못했고 간혹 사용하면 안되는 말을 내뱉거나 위험한 장난을 치기도 하여 친구들과의 어울림에 어려움을 겪고 있었다. 그런 민수를 몇 시간이고 붙잡고 앉아 부진한 교과나 한국어 공부를 시키려 했던 것이 되려 민수와의 사이를 멀어지게 만들었던 것 같다.

민수가 유일하게 관심을 가지고 참여하고 싶어 했던 활동이 그리기였는데, 수채화 그리기나 예쁜 손글씨 쓰기 시간이면 교실이 온통 민수의 물감 발자국으로 가득했다. 실내화 바닥에 물감이 잔뜩 묻어 있는 이유를 알 길이 없었지만 민수의 발자국을 따라 난 물감 자국을 닦아내다 지쳐서 남몰래 한숨을 내쉰 적도 있었다. 반복되는 민수의 문제 행동에 학급 친구들 역시 힘들어 했고 모두를 위한 해결 방안을 모색해야 했다. 민수 부모님과 몇 차례 상담을 진행하였으나 민수 부모님은 학습이나 생활지도 전반을 학교에서 책임지고 교육해 주기를 바랐다. 민수의 문제 행동 또한 대수롭지 않게 여겼기에 가정 연계 지도 부분에서의 합일점을 찾지 못한 채

상담이 마무리되었다. 결국 문화와 언어가 다른 민수를 다른 친구들과 동일 선상에 놓고 지도하기 어렵다는 생각을 갖게 되었다. 학습지도 대신 민수가 학급에 원만히 적응하여 즐겁게 학교생활을 할 수 있도록 도왔고, 한국어에 미숙한 민수의 모습을 있는 그대로 이해하고 보듬기 위해 노력했다. 긍정적인 변화도 진전도 크지 않았던 당시의 상황이 민수에게 그저 미안했지만 교사로서 내가 할 수 있는 일이 많지 않다고 생각했다.

다음 해에 4학년 담임을 맡게 되며 알게 된 은영이는 예의 바르고 밝은 성격으로 친구들에게 인기가 많았다. 은영이 역시 이주 배경 어린이로 엄마가 베트남 사람이었다. 은영이는 학습 태도가 훌륭할뿐더러 그림에도 재능을 보여 미술 시간에 자신의 활동이 끝나면 친구들을 돕는 것을 좋아했다. 주말이면 엄마 손을 잡고 근처 다문화센터로 베트남어를 배우러 다니는 속깊은 딸이기도 했다. 모든 어린이들이 저마다의 아름다움을 지니고 있지만 은영이는 유난히 밝게 빛나는 학생이었다.

은영이를 알아가며 '이 친구는 다른 이주 배경 아이들과 다르네'라고 처음으로 생각했던 그즈음이었던 것 같다. 그간 편견을 가지고 아이들을 대했을지 모르는 내 모습을 객관적으로 마주하려 노력했다. 만약 부모가 경제적으로 윤택하지 못한 삶을 살고 있다면, 부모와 따뜻한 대화를 나눌 기회가 부족하다면, 부모가 자녀에게 바른길을 제시해 줄 수 없는 상황이라면 비단 이주 배경 어린이가 아니라 할지라도 학교 혹은 사회에서 어려움을 겪게 될 가능성이 크다. 부적응과 부진한 성적의 원인을 '다문화 배경이라…….' 혹은 '부모님이 외국인이라 그래.' 등의 말들로 덮으려 해서는 안 되는 것이었다. 민수의 문제 행동 역시 부모의 국적, 언어와 같은 문화적 배경에서 원인을 찾을 것이 아니었다. 아이가 처한 사회적 환경이나 가정의 상황에 집중하여 교사로서 할 수 있는 일을 고민하고 찾아내어 해결하고자 노력했어야 했다. 당시의 나는 다중의 문화 또는 언어에 대한 인식과 경험이 부족했고 문제 행동을 보이는 이주 배경 어린이의 부모와 소통하는 요령이나 방법도 잘 알지 못했다. 어쩌면 다른 언어와 문화를 이해하고 포용한다는 핑계로 보고 싶은 것만 보고자 흐린 눈으로 세상을 바라보고 있었을지도 모르겠다.

아시아 문화에 대한 개인적인 관심과 교육자로서의 부끄러움을 계기로 다문화교육을 공부해보고자 결심했고 현재는 다중언어교육의 필요성과 방법에 대해 조금씩 공부해 나가고 있다. 특히 교사 실행공동체에 참여하여 함께 계획하고 실행해 나가는 과정을 통해 여러 현직 교사들의 훌륭한 면면들을 지켜보는 재미와 감동이 크다.

못, 하이, 바

언어는 의사소통 수단으로서의 기능뿐 아니라 인간이 사회에서 제 기능을 할 수 있게 해주는 가장 핵심적인 요소가 아닐까. '언어'라는 단어에서 직관적으로 떠올린 이미지나 개념은 소통, 문화, 소속감, 정체성 등인데, 언어는 나와 세상을 연결해 주는 가장 직접적이고 핵심적인 소통의 고리 역할을 하고 있기 때문일 것이다. 사회성이 크게 좋지 못하여 언어를 매개로 적절한 인간관계를 구축하는 것에 미숙한 나에게 언어는 마음의 짐이고 숙제이다. 때로는 모어인 한국어로도 내 생각과 감정을 온전히 전달하는 것에 어려움을 느끼곤 한다. 나는 다중언어교육을 하는 '0개 국어 구사자'인가 보다.

앞서 밝혔듯 여행을 좋아하는 나는 방학 기간을 활용해 부지런히 해외로 여행을 다니곤 한다. 다양한 나라의 사람들을 만나 이야기를 나누다 보면 이내 소통의 한계를 느낀 상대가 "너는 어떤 언어를 할 수 있니?"라고 물을 때가 있다. 내가 구사할 수 있는 언어들이 궁금해서가 아니다. '지금 우리들의 매개어인 영어 이외에 네가 구사할 수 있는 다른 언어가 있다면 그 언어로 스위치하여 대화를 이어나가 보자'라는 속뜻이 담긴 질문인 것이다. 학창 시절 영어나 일본어를 배우긴 했으나 그 언어를 '능숙히 구사한다'고 하기에는 다소 애매했기에 어떤 대답을 해도 마음이 편치 않았다. 이에 반해 많은 여행자들이 그들의 모어 이외에도 한두 가지 이상의 언어를 더 구사하거나 알아들을 수 있음을 알고는 그들의 성장 배경이나 교육 환경에서의 언어습득 루트가 궁금하기도 했다. 사람들과의 소통에 자신감을 잃고 위축되기 일쑤였던 나는 새로운 만남과 대화에 늘 아쉬움을 남기곤 했다. 여행을 끝내고 돌아오는 비행기에서 매번 언어 정복에 대한 의지를 불태워 보지만 나의 의지는 급히 타오르고 빨리 사그라든다. 언어는 매력적이고 아름답지만 정복하기 힘든 존재임이 확실하다.

한번은 포르투갈의 포르투라는 지역에서 와인 투어를 하며 만나게 된 브라질 노부부를 리스본 거리에서 우연히 마주쳐 예정에 없던 저녁 식사를 함께한 적이 있었다. 영어를 거의 못하지만 포르투갈어와 프랑스어를 구사하는 노부부는 큰 어려움 없이 포르투갈을 여행하고 있었다. 이와 달리 내가 구사할 수 있는 언어는 한국어와 미숙한 영어뿐이었으니 그들이 여행 중 겪은 유일한 언어적 어려움이 있었다면 아마 나와의 소통이었을 것이다. 식사는 즐거웠고 그 후로도 꽤 오랫동안 서로의 SNS에 '좋아요'를 누르거나 간단한 안부글을 남기며 간간이 소식을 주고받았다. 나에게는 이러한 여행 친구들이 여럿 있지만 우리는 우리가 진짜 친구가 될 수 없다는 것을 잘 알고 있다. 물론 예외는 있겠지만 인스타그램에 답글을 달기 위해 구글 번역기를 돌려야 하는 관계를 '진짜 친구'라고 표현하지는 않으니까.

새로운 언어를 배우는 것을 즐기고 영어와 일본어를 능숙하게 구사하는 나의 둘째 언니는 현지에서 며칠만 생활하면 시장에서 간단한 흥정 정도는 현지어로 척척 해내곤 한다. 언니와 나는 한때 베트남의 매력에 푹 빠져 여러 차례 베트남 전역을 함께 여행했는데 그럼에도 나는 수를 헤아릴 때면 마치 숫자를 못 외는 어린아이처럼 1못, một부터 차례로 카운팅을 시작해야 했다. 1, 2, 3…못một, 하이hai, 바ba… 가격 흥정은 계산기를 활용하는 게 효율적이라며 자위했지만 서툰 베트남어로 가격을 흥정하는 언니와 점원 사이에 흐르는 유쾌한 기운은 확실히 소통과 유대에서 오는 에너지였다. 그것은 계산기에 숫자를 톡톡 찍어 보여주는 것과는 다른 종류의 소통이었는데, 점원이 못 이기는 척 물건값을 깎아준 이유는 능청스럽게 베트남어를 구사하는 언니의 모습이 귀여웠기 때문일 것이다. 이렇듯 언어는 단순한 의사소통 수단을 넘어 나와 세상을 나와 사람을 연결해 주는 가장 효과적이고 직접적인 수단이다.

동시에 언어는 자신이 어디서 왔는지 자신이 속한 곳이 어디인지 알려 주는 나침반과 같은 역할을 하고 있다고 생각한다. 한국에서 나고 자라 한국어를 모어처럼 사용하는 이주 노동자의 자녀들이 부모를 따라 본국으로 돌아가 적응에 어려움을 겪는 아이러니한 상황을 매체를 통해 종종 접해왔다. 가정과 학교의 무관심 속에 본국의 언어와 정체성을 점차 잃어 갔을 테고, 그들 중 일부는 한국에서도 모국에서도 이방인 신세를 면치 못한 채 어려움을 겪고 있는 듯 보였다. 언어의 상실은 곧 문화와 정체성의 상실이기도 하다. 언어 다양성을 존중하는 것이 문화 다양성을 보존하는 길이고 이로써 각기 다른 개인과 집단이 서로를 포용하며 발전할 수 있는 초석을 마련할 수 있을 것이다. 다중의 언어가 동등하게 공존할 수 있는 다중언어 사용 환경이 학교를 중심으로 조성되고, 그 안에서 다양한 언어와 문화를 자연스럽게 받아들이며 소통하기 위해 노력하는 일련의 활동이나 과정 자체를 다중언어교육이라 정의하고 싶다.

명실상부한 다문화시대를 살아가야 하는 우리 아이들에게 언어 능력보다는 태도에 방점이 찍히는 즐거운 다중언어교육을 실행해 보고 싶다. 언어 구사 능력을 떠나 다채로운 문화와 언어를 접하고 소통하는 과정 자체를 즐길 수 있다면 이를 통해 열린 마음으로 타문화와 타민족을 이해하고 존중할 수 있는 다문화적 소양을 갖춘 세계인으로 성장할 수 있지 않을까.

다섯 번 울어야 말하는 고양이 카노

같은 언어를 사용한다고 해서 소통이 원활히 이루어질 것이라 단정하기는 어렵다. 앞서 언급했듯 일정 연차마다 근무지를 옮겨야 하는 교사들은 새 학교에서 새로운 업무와 학년을 배정받게 된다. 나는 현재 재직하는 학교로 부임하며 1학년 학급 담임을 맡게 되었다. 나와 아이들은 분명 한 공간에서 같은 언어를 사용하고 있었지만 처음 한 달 동안은 서로의 언어를 이해하지 못했다. 동화 『다섯 번 울어야 말하는 고양이 카노』에서 주인집 식구들이 고양이 카노의 말을 이해하지 못하여 혼자 있고 싶은 카노를 더욱 힘들게 만드는 것처럼 1학년 아이들과 나 사이에도 다소간 소통의 어려움이 따랐다. 이 친구들의 언어를 배워야 한다는 생각으로 아이들을 열심히 관찰했고 이들만의 시그널과 대화 코드를 익혀 동화되기 위해 노력했다. 사랑스러운 눈빛으로 선생님을 바라보는 천사 같은 아이들의 모습이 그저 예쁘기만 하다가도 귀여운 거짓말과 이유를 알 수 없는 폭력 상황 앞에서는 평정을 잃기도 했다.

편견 없이 순수한 마음으로 학교생활을 하는 1학년 친구들은 과연 다른 나라의 문화와 언어를 어떻게 느끼고 받아들일까. 어쩌면 이 친구들이야말로 낯선 문화와 언어를 누구보다 자연스럽게 받아들이고 즐길 수 있지 않을까. 다중의 문화, 다중의 언어 시대를 살아가며 새로운 문화와 언어를 접하게 해주는 것이 1학년 친구들에게 유의미한 경험이 될 것이라는 기대에서 다중언어교육을 계획하고 실천해 보았다.

수업은 총 4차시로 구성하여 진행하였으며 세상에는 다양한 언어가 존재함을 알고 언어가 주는 직관적인 즐거움을 기반으로 타 언어에 대한 긍정적인 관심을 이끌어 낼 수 있도록 수업을 설계하고자 했다. 또한 주변에 존재하는 이주 배경(다른 언어를 사용하는) 친구에 대한 이해도를 높여 생활 속에서 자연스럽게 언어 다양성을 받아들일 수 있도록 하는 것에 주안점을 두었다. 학급에 베트남어를 사용하는 학생이 있고 베트남어는 알파벳 문자를 사용한다는 학습의 용이성을 고려하여 목표어를 베트남어로 설정하였다. 동화책 읽기를 매우 좋아하는 학급 특성 또한 고려하였다. 문학 작품 속에 등장하는 낱말을 베트남어로 배워보는 활동을 통해 다른 나라의 언어를 능동적으로 경험하며 언어의 다양성과 유사성을 인식할 수 있도록 하였다.

해당 다중언어 수업은 인물의 모습과 행동을 상상하며 베트남어와 한국어로 동화 『다섯 번 울어야 말하는 고양이 카노』와 『숲 속 재봉사』를 들어 보고, 등장인물의 베트남어 표기와 발음을 경험해 보는 활동으로 구성하였다. 참고로 국립어린이청소년도서관에서는 우리나라 동화를 다양한 언어(중국어, 베트남어, 태국어, 몽골어, 영어)로 들어 볼 수 있는 다국어 동화 구연 시청각 서비스를 제공하고 있다. 이는 한국어에 서툰 이주 배경 어린이들과 다양한 언어를 접하고자 하는 비이주 배경 어린이들 모두에게 유용한 학습 자료라 생각된다.

동화 구연 서비스를 활용하여 학생들에게 그림 동화를 베트남어 버전으로 먼저 들려주고, 그림을 보며 내용을 짐작하도록 하였다. 한국어로 다시 한번 동화를 들으며 정확한 내용을 파악한 후

본격적인 다중언어 수업을 실행하였다. 목표 단어의 형태와 발음을 익히기 위한 주요 활동은 다음과 같다.

1. **목표 단어의 생김새 살펴보기** 동화 『다섯 번 울어야 말하는 고양이 카노』에서 목표 단어인 '고양이mèo'와 '할머니bà'를 찾아 문자의 생김새를 살펴본 후 목표 단어를 바르게 따라 써보고 짝과 함께 발음을 연습할 수 있도록 하였다.
2. **소리를 통해 목표 단어 익히기** 고양이 울음소리를 표현하는 의성어 'meo~'를 흉내내는 '멋쟁이 베트남 고양이 뽑기 대회'를 통해 목표 단어인 '고양이con mèo'를 자연스럽게 익힐 수 있도록 하였다.
3. **놀이를 통해 목표 단어 활용하기** 동화 『숲속 재봉사』에 등장하는 동물 카드(토끼, 사자, 상어, 새)를 만들어 보고, 동물 카드를 이용하여 '몸으로 말해요' 릴레이 퀴즈를 내고 베트남어로 답하는 과정을 통해 목표 단어를 활용할 수 있도록 하였다.
4. **노래를 통해 청취력 높이기** 베트남어 버전 동요 「아기 상어」를 주의 깊게 들으며 목표 단어인 '할머니bà', '상어cá mập'가 나오는 부분에서 박수를 치거나 만세를 불러 보는 활동을 통해 노래에서 들리는 목표 단어를 캐치할 수 있도록 하였다.
5. **소통의 다양성 깨닫기** 동화 속 등장 인물에게 하고 싶은 이야기를 그림, 글, 노래, 몸짓, 표정 등 다양한 방식으로 전달해 보는

과정을 통해 혹여 언어가 통하지 않더라도 마음을 전할 수 있는 다양한 방법이 있음을 인식할 수 있도록 하였다.

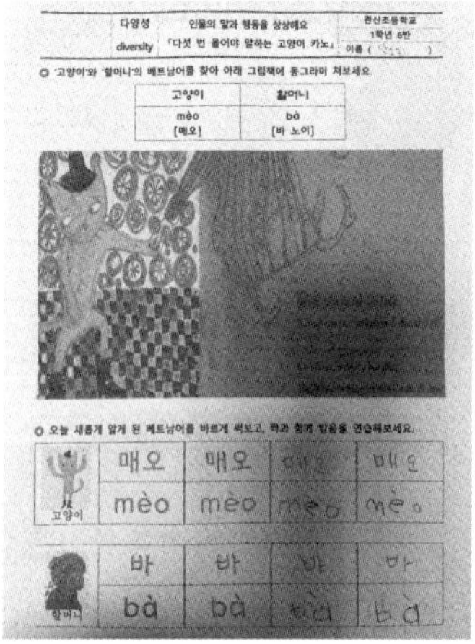

목표 단어의 형태를 알아보는 학습지

동화책 속 등장인물에게 마음을 전하는 그림 편지

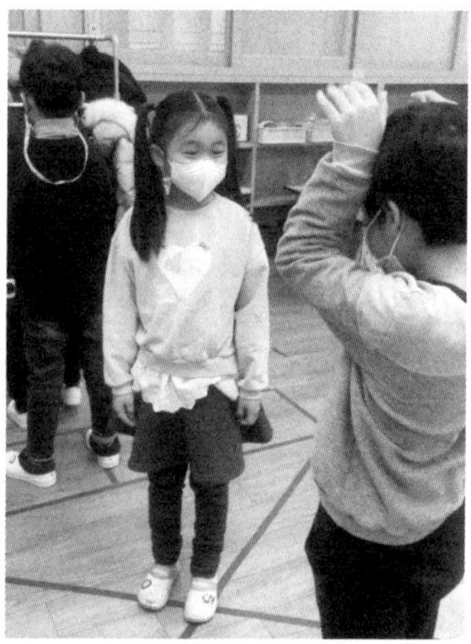

동물 카드를 활용한 릴레이 퀴즈 활동

새우깡, 먹태깡, 감자깡

매해 학기 말은 다음 학년도에 맡게 될 학급과 업무를 배정받는 시기인지라 조용한 눈치 싸움이 벌어진다. 교사의 희망과 학교의 상황을 최대한 고려하여 학년과 업무를 배정하기 위해 여러 차례 조정을 거치는데, 혹여 불편한 업무를 맡게 되더라도 긍정적인 면을 찾으려 노력한다. 정들었던 아이들과의 이별 또한 아쉽지만 걱정반 기대반으로 새로운 만남을 준비해야 하는 시기이기도 하다.

다음 해 3월, 새학기를 시작하며 만난 이제 막 4학년 된 우리 반 아이들은 정말이지 흠잡을 데 없이 착하고 사랑스러웠다. 언어적, 비언어적인 시그널을 읽어 내는 적당한 센스와 배려를 가지고 있어 큰 탈 없이 1학기를 보냈고, 여름방학을 마치고 개학 날 마주한 우리 반 아이들의 검게 그을린 건강한 얼굴이 예쁘게 빛나고 있었다. 이렇게나 예쁜 아이들과 함께 할 수 있는 날들이 얼마 남지 않았다는 생각에 2학기를 시작하면서부터 서운한 마음이 들었다. 우리 반은 상대방의 입장을 먼저 이해하고 배려하는 공감 능력이 뛰어났고 혹여 친구의 실수를 짚어내더라도 험한 말로 서로에게 상처를 주지 않았다. 친구의 표정을 읽고 기분을 맞추어 주는가 하면 선생님의 눈빛만으로도 조용히 해야 할 타이밍과 소란스럽게 굴어도 될 타이밍을 적절히 구분하여 행동했다. 이제 4학년이었지만 우리 반 아이들은 성숙하기가 웬만한 어른보다 낫다는 생각이

들 정도로 대견했다.

뛰어난 공감 능력과 성숙함에도 불구하고 아이들은 새롭거나 낯선 외부의 자극에 무덤덤했다. 특히 세상에 다양한 언어가 존재한다는 사실을 명확하게 인지하고 있을 텐데도 타 언어에 대한 관심은 작년 1학년 아이들에 비해 크게 떨어졌다. 아이들은 이미 학교와 학원 그리고 각종 미디어를 통해 꽤 오랜 기간 영어에 노출되었고 아이들에게 외국어는 곧 영어였고, 영어가 곧 외국어였다. 영어 이외에 관심이 있거나 배우고 싶은 언어를 이야기해 보는 자리에서도 일본 애니메이션을 좋아하는 몇몇 아이들이 일본어를 배우고 싶다고 이야기했을 뿐 대부분의 아이들이 주저하는 모습을 보였다.

영어 이외에도 다양한 언어들이 수평적 형태로 존재하며, 예컨대 탕후루나 마라탕집 간판이 중국어로 표기되어 있는 것처럼 우리는 다양한 언어들에 영향을 받으며 살아가고 있다는 사실을 깨닫게 해 주고 싶다는 취지로 4학년 대상 다중언어교육을 계획하고 실행하였다. 4학년 2학기 사회 「필요한 것의 생산과 교환」 단원의 '상품의 생산지(원산지) 알아보기' 차시와 연계하여 수업을 구성하였다. 특히 교실이 아닌 일상생활 속에서도 타 언어에 대한 접근을 용이하게 하기 위해 스마트 기기를 활용하여 학습 활동을 진행하였다.

수업은 총 2차시로 구성하였다. 1차시는 세계과자점에서 판매하는 베트남산 과자의 정보를 알아보고, 이를 통해 베트남의 기후와 생활 환경을 우리나라와 비교하여 인식할 수 있도록 하였다. 2차시는 자신이 좋아하는 우리나라 과자를 구글 렌즈(번역)를 활용하여 베트남 친구에게 소개해 보는 활동을 통해, 언어에 대한 호기심을 바탕으로 다른 문화를 긍정적인 시선으로 바라볼 수 있도록 하였다.

1차시 우리 주변에서 찾을 수 있는 다른 나라의 상품들에 대해 이야기해 보고, 상품의 원산지와 정보를 확인하는 방법에 대해 알아보았다. 여러 가지 방법 중 상품 포장지에서 정보를 얻는 방법을 선택하였고, 모둠별로 베트남산 과자 3종류(코코넛 과자, 커피 과자, 잭프루트칩)를 나누어 준 후 포장지에 표시된 정보를 직관적으로 분석해 볼 수 있도록 했다. 베트남어를 이해할 수는 없었지만 사진과 그림을 통해 생각보다 많은 정보를 수집할 수 있었고, 이러한 과정을 통해 비언어적인 방법으로도 원하는 정보에 일정 부분 접근할 수 있다는 사실을 이해시켰다. 그 후 구글 렌즈(번역) 기능을 활용하여 포장지에 표시된 과자의 정보를 최대한 많이 수집해보도록 하였다. 수집한 정보를 친구들과 공유하며 베트남에서 코코넛과 커피, 열대과일이 잘 자랄 수 있는 이유를 예상해 보았다. 영상 자료 및 스마트 기기를 통해 베트남이 우리나라와 다른 환경과 기후를 가지고 있다는 사실을 확인하고 새롭게 알게 된 사실을 정리할 수 있도록 하였다.

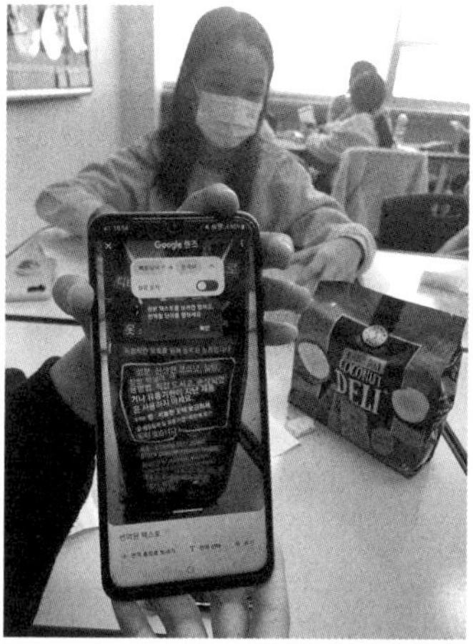

구글 렌즈로 베트남산 과자의 정보를 수집하는 활동

베트남의 기후와 환경을 예상해보는 활동

2차시 베트남산 과자를 직접 먹어보며 우리나라 과자와 비슷한 점과 다른 점에 대해 이야기를 나누어 보았다. 시큼한 열대과일 칩을 처음 먹어본 몇몇 친구들은 이상한 맛이 난다며 호들갑을 떨기도 했지만, '과자'라는 주제 덕분인지 유쾌한 분위기 속에서 학습이 이루어졌다. 우리나라 과자나 아이스크림 역시 베트남으로 수출되어 큰 인기를 얻고 있음을 알리고, 가상의 베트남 친구에게 자신이 좋아하는 과자를 책갈피 형태로 만들어 소개하는 활동을 진행하였다. 좋아하는 우리나라 과자를 미리 준비하여 과자의 포장지에 구글 렌즈를 비추어 과자의 이름을 베트남어로 번역하여 활용하였다. 과자의 이름이 바르게 번역이 되었는지 알 수 없었지만 베트남 친구를 위해 좋아하는 과자의 그림을 정성껏 그려 넣고 베트남어로 이름을 꾸미는 과정 자체를 아이들은 매우 즐거워했다. 이번 다중언어 수업이 아이들에게 낯선 언어와 문화에 대한 긍정적인 관심을 가질 수 있는 기회를 제공했다는 점에서 의의를 찾고 싶다.

베트남산 과자를 먹어보며 우리나라 과자와 비교해 보는 활동

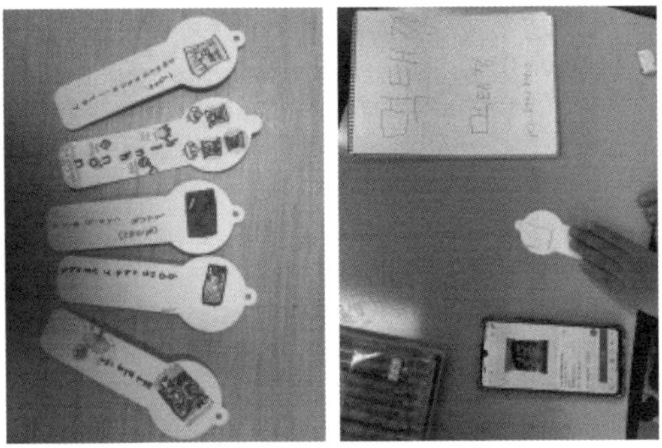

우리나라 과자를 소개하기 위한 책갈피 만들기 활동

초록색 안경을 끼고

코로나 19 팬데믹으로 막혔던 하늘길이 열리자마자 나는 서둘러 항공권부터 예약했다. 도착한 여행지의 공항에서 마주한 무슬림 여성들에게 시선을 빼앗겼는데, 히잡 위로 기다란 케이블을 연결하여 마스크를 착용하고 있는 모양새를 처음 본 터였다. 팬데

믹을 지나오며 마스크를 매일 같이 쓰고 다녔음에도 타 문화권 사람들의 마스크 착용 모습이나 방법에 크게 관심을 가져본 적이 없다. 생존과 직결된 마스크 착용에서 다양성을 찾을 필요는 없었으니 무슬림 여성들의 마스크 착용 방법이 딱히 궁금할 이유가 없었다. 개인적으로 무슬림 여성의 히잡 착용 관련 이슈에 관심이 많지만 정작 그것을 착용하는 무슬림 여성들의 생각이나 삶에 대해 깊게 생각해 본 적이 없었던 것이다. 이 무슨 모순적인 사고방식인지. 눈을 제외하고 얼굴이나 신체를 모두 가리는 '부르카'나 '니캅'을 착용한 여성들은 마스크를 쓰지 않아도 되는 것인가?

눈을 뜨고도 볼 수 없는 많은 것들이 있고, 눈을 감아도 보고자 하면 보이는 것들이 있다. 치우침 없이 세상을 바라보는 혜안은 사실은 우리 모두가 이미 가지고 있을지도 모를 일이다. 어떤 눈으로 무엇을 볼 것인지 지금 내가 어떤 색의 안경을 끼고 세상과 사람을 바라보고 있는지 자각하는 것도 결국은 자신의 몫이다.

나를 여행광으로 알고 있는 지인들은 여행지를 결정하기에 앞서 나에게 자문을 구하곤 한다. 코로나19 팬데믹 종식 이후 기회가 될 때마다 되도록 멀리, 오랜 기간 여행을 떠나고자 하는 이들이 늘었다. 내가 이들에게 주저하지 않고 추천할 수 있는 여행지는 언제나 튀르키예 공화국이다. 남유럽과 서아시아 사이에 걸쳐 있는 튀르키예 공화국은 동서양의 문화가 공존하는 곳으로 아름다운 역사 문화 유적이 넘쳐나고 먹거리가 저렴하고 맛있으며 남서

쪽으로 지중해의 맑고 푸른 연안을 접하고 있어 어떤 여행 취향을 가지고 있더라도 만족할 만한 여행지이기 때문이다.

나의 튀르키예 여행은 이스탄불의 그랜드 바자르나 이집션 바자르에 들러 기념품이나 지인들의 선물을 쇼핑하는 것으로 마무리된다. 귀국 전 가지고 있는 남은 리라TL를 털어내야 하기에 가벼운 마음으로 쇼핑을 하다 보면 필요 없는 물건들까지 마구 구입하기 마련이다. 이슬람 건축물에서 드러나듯이 이슬람 문화는 미적 감각을 중시하기에 바자르에는 사고 싶은 아름다운 물건들로 넘쳐났다. 몇 해 전 마지막 튀르키예 여행을 마치며 예쁜 히잡 한 장을 기념품으로 사 오고 싶어 바자르 안을 몇 바퀴나 돈 후에야 무난한 패턴과 적당한 크기의 히잡을 합리적인 가격으로 구입할 수 있었다. 사실 바자르에서 판매하는 히잡의 디자인은 모두 거기서 거기였던지라 히잡 가게 사장님의 서툰 한국어 실력과 친절함에 이끌려 구입을 결정한 터이기도 했다.

그랜드 바자르와 이집션 바자르는 한국인들이 많이 방문하는 곳으로 상인들의 일부는 '안녕하세요', '맛있어'와 같은 아주 기본적인 한국어를 구사할 수 있었다. 특히 유창하게 한국어를 구사하기로 유명한 테○람 아저씨네 가게는 한국인들의 필수 방문 코스라고 해도 과언이 아니다. 그들의 서글서글한 미소와 귀여운 한국어 공세에 로쿰(터키쉬 딜라이트), 장미 오일 그리고 악운을 막아준다는 나자르 본주(악마의 눈)까지 한아름 구입한 후에야 그곳을 빠져나올 수 있었다.

이스탄불의 대형 바자르는 다양한 인종의 사람들과 그들이 사용하는 언어들로 늘 시끌벅적하고, 상인들은 상점에 들르는 사람들의 생김새와 언어를 주의 깊게 살펴 재빨리 상대의 언어로 인사를 건네거나 대화를 시도한다. 바자르의 상인들은 다중의 언어를 매개로 다양한 인종(국가)의 사람들과 소통하며 자신들의 문화(물건)를 판매하고 있으니 다중언어적 측면에서 본다면 참으로 재미있는 상황이 아닐 수 없다. 다중의 언어가 자연스럽게 공존하는 바자르, 그곳의 상인들은 이미 언어가 가지고 있는 힘을 알고 상황이나 사람에 걸맞게 이용할 수 있으니 그들이야말로 진정한 다중언어 화자가 아닐까.

언어는 사고와 의사소통의 도구로 언어마다 가지고 있는 톤이나 뉘앙스가 미묘하게 다름을 알 수 있다. 독일어 특유의 단단함, 프랑스어의 귀여운 콧소리 등 언어에는 그 언어를 오랜 시간 사용해 온 사람들의 정체성과 문화가 깃들어 있다. 또한 언어를 통해 그 언어가 사용되는 사회의 문화, 규범, 가치를 습득하기 때문에 하나의 언어를 새롭게 습득한다는 것은 그 언어가 포함하고 있는 사회적·문화적 정체성을 함께 습득하는 것이라 생각한다. 어떤 언어를 사용하느냐에 따라 화자의 사고 방식이나 행동 양식이 달라질 수 있다는 것이다.

역사상 가장 많은 언어를 구사할 수 있었던 주세페 카스파르 메초판티 추기경1774-1849은 이탈리아 볼로냐 출신의 성직자로 무려 70여 개의 언어를 구사할 수 있었다고 전해지는 인물이다. 그가 언어 전환이 일어날 때의 느낌을 묘사한 말이 있다.

> "혹시 초록색 안경을 끼어 보신 적이 있습니까? 그 안경을 끼고 있는 동안에는 세상 모든 것이 초록색으로 보이셨을 겁니다. 제 경우도 딱 그렇습니다. 제가 어떤 한 가지 언어를, 예를 들어 러시아어를 이야기할 경우, 러시아어의 색안경을 낀 것과 마찬가지여서, 그 사이에는 모든 것이 러시아어라는 색깔로 보입니다. 제 생각도 오로지 그 언어로만 보입니다. 다른 언어로 넘어가려 한다면, 저는 그저 색안경만 바꾸면 됩니다. 그러면 그 언어의 경우도 마찬가지가 되는 겁니다."(마이클 에라드, 『언어의 천재들』, p.243)

외국어 교육기관이나 교재가 전무하던 시절 이탈리아를 한 번도 떠나본 적 없는 메초판티가 어떤 방법으로 다중언어를 습득했을지 궁금하지만, 애석하게도 그의 언어 습득 방법에 대한 정확한 기록은 남아 있지 않다고 한다. 다만 그의 서재에서 발견된 엄청난 분량의 책과 외국어를 배우기 위해 적어둔 것으로 보이는 종이 더미에서 생전에 그가 어떤 방법으로 언어를 공부했을지 미루어 짐작할 뿐이라고 한다. 비법은 생각보다 단순했는데 앞면과 뒷면에 각기 다른 언어가 적힌 암기 카드를 활용하여 쓰고 외우기를 반복

했으며 그렇게 터득한 언어를 혼잣말로 꾸준히 연습했다는 것이다. 메초판티의 언어 습득 비결은 그의 타고난 언어 습득 능력 위에 더해진 노력과 연습의 결과였던 것이다. 마치 서울대 합격생이 '학원 안 다니고 국영수 교과서 위주로 열심히 공부했어요'라고 인터뷰하는 것과 비슷한 이치인 것 같아 헛웃음이 나온다. 그러나 메초판티도 서울대 합격생도 배움에 대한 두려움과 스트레스에 앞서는 열정과 즐거움이 있었기에 목표한 바를 이룰 수 있지 않았을까.

교육 현장과 사회에서 다중의 문화나 언어를 학습하고 활용해야 하는 이유와 필요성을 명확하게 인식하고 그에 걸맞게 교육 방법을 다각화한다면 언어의 습득은 곧 다른 문화를 배우고 흡수하는 즐거운 과정이 될 수도 있을 것이다. 초록색 안경을 끼면 세상이 초록색으로 보인다는 메초판티의 말대로 다중언어교육 측면에서 '언어를 배운다'는 것은 언어를 학습함과 동시에 그 언어를 사용하는 집단의 시선으로 세상을 바라보는 법을 배워 나가는 과정이라고 생각한다. 다문화시대에 다양한 인종과 문화가 화합하며 공존하기 위해서는 다중언어교육의 필요성을 인지하고 이것을 올바로 실행하기 위한 노력이 선행되어야 할 것이다.

교사가 학생의 문화적·언어적 다양성을 인정하는 교육 환경 조성에 동의한다고 할지라도 교실 내에서 문화 이해 교육이나 다중언어교육을 실시하는 것은 또 다른 차원의 문제이다. 문화 이해

교육의 경우 국어, 사회, 도덕 등의 교과에 교육 주제가 구체적으로 명시되어 있고 전문 강사가 배치되기도 하여 비교적 수월하게 교육을 실시할 수 있다. 그러나 다중언어교육은 그 필요성을 학교와 교사가 인식하는 것부터가 쉽지 않은 일이다. 설령 다중언어교육을 실시하고자 하는 의지가 있더라도 교사 교육이나 교육 자료(방법)의 지원 없이 교사가 '재량껏' 교육을 실시해야 하기 때문에 다중언어교육의 실행에는 많은 부담과 어려움이 따를 수밖에 없다. 나의 경우 다중언어교육의 필요성을 인식하는 교사들이 모여 교육 현장에서 실행할 수 있는 다중언어교육 방법에 대해 함께 고민하고 성과를 나누는 좋은 기회를 가질 수 있었다. 이러한 교사 실행공동체를 통해 서로의 생각과 경험을 공유하고 실행하면서 다중언어교육에 대한 이해의 폭을 한층 넓힐 수 있었다. 그러나 여전히 학교 현장에서는 교사 외국어 교육 지원 프로그램 이외에 이주민과 선주민 어린이들을 모두 아우르는 다중언어교육 프로그램을 찾아보기 힘들다.

다중언어교육이 필요한 시기가 도래하였다. 국내 거주 외국인의 비율은 점점 증가하고 있고 이에 따라 학교 현장도 다양한 문화적 배경을 지닌 어린이들이 늘어나는 추세이다. 그들이 문화와 언어 다양성을 존중받으며 공평한 대우와 교육의 기회를 가질 수 있어야 한다는 것에 동의한다. 공교육 현장에서 효과적인 다중언어교육이 실행되기 위해서는 실행공동체와 같은 교사들의 자발적인 노력과 함께 공식적인 채널을 통한 교사 교육과 자료의 개발이 뒷받침되어야 할 것이다. 이렇듯 다중언어교육환경 조성을 위한 개인과 사회 각처의 관심과 노력이 조금씩 쌓인다면 교육 현장과 사회가 보다 다채롭고 발전적인 방향으로 변모해 나갈 수 있지 않을까 하는 기대를 가져 본다.

추혜영 혼자 있는 것을 즐기지만 여행을 좋아하고 호기심이 많아 다른 사람들 살아가는 모습에도 두루 관심이 많은, 성격 유형으로 치면 INFP형 초등교사이다. 문화와 언어에 관한 사소하고 개인적인 경험과 후회 그리고 '언어는 달라도 마음은 닿는다'는 신념을 바탕으로 무엇이 되었든 즐겁게 배우고 가르치며 함께 성장해 나가고 싶다.

2부

개구리는 올챙이 적을 잊지 않아

4

나는 이도 저도 아닌 사람이었을까?

김수빈 서울 면목초등학교

나는 한국인이지만 우리 사회에서 생각하는 한국인과는 조금 다른 것 같기도 하고, 여러 언어를 구사할 수 있지만 그 어떤 언어도 제대로 구사할 수 있는 언어가 없는 것 같았다.

"우리 이제 다른 나라에서 살 거야."

네 번째 생일 파티를 한 지 몇 달이 지나고부터 우리 가족은 한국이 아닌 다른 나라에서 살게 되었다. 그때부터 스무 살이 되어 대학에 입학할 때까지 나는 말레이시아와 중국에서 생활했다. 말레이시아와 중국은 모두 여러 가지 언어를 사용하고, 굉장히 다양한 문화가 어우러져 있다는 특성이 있다. 이와 같은 환경에서 나는 약 15년 동안 여러 종류의 학교에 다니며 자연스럽게 다양한 문화권의 사람들과 어울리고, 여러 가지 언어를 사용하였다. 부모님께 내가 기억하지 못하는 나의 어렸을 적 모습을 전해 듣다 보면 나는 말을 참 잘하는 아이였다는 이야기를 종종 들어왔다. 그러나 내가 기억하는 나 자신의 모습은 새로운 언어를 맞닥뜨릴 때마다 힘겨워하고 자신감을 잃은 상태인 경우가 더 많았다.

대학교 진학을 위해 한국으로 오면서 나는 더욱 혼란스러워졌다. 입학 면접을 보고, 새로운 사람들을 많이 만나게 되며 나를 소개할 일이 빈번했는데 그때마다 사람들은 내가 구사하는 언어에 관심을 보였고 나는 나 자신을 몇 개 국어를 구사하는 사람으로 소개해야 할지 고민을 많이 했다. 일단 한국어, 영어, 중국어, 말레이어 총 네 개의 언어를 사용할 수 있다고 하기는 했지만 그렇다고 하기에 말레이어는 관광객 수준으로밖에 구사할 수 없어 굉장히 부끄러웠다. 또, 영어와 중국어 실력도 보통 사람들이 교포의 실력으로 짐작하는 수준이 안된다고 생각했기에 자신이 없었으며, 한국어 역시 우리나라에서 나고 자란 사람들에 비해 부족하다고 생각했다.

나에게 혼란을 준 것은 언어만은 아니었다. 해외에서 자라며 부모님이 한국인으로서의 긍지와 자부심을 많이 길러 주기도 했고, 어디에서든 나를 한국인이라고 소개하는 등 나름대로 한국인이라는 정체성이 명확한 편이었다. 그런데 우리나라에서 살게 되니 오히려 많은 이들이 나를 소위 말하는 '토종 한국인'으로 인정해 주지 않는 듯한 느낌을 받아 나 자신이 이방인처럼 느껴지기도 했다. 태어난 곳은 강원도 춘천이지만 워낙 어렸을 때라 기억이 거의 없고, 가장 오랜 기간 거주한 곳은 말레이시아 쿠알라룸푸르지만 그곳이 나의 조국은 아니기에 고향이라고 부를 곳도 애매했다.

이렇게 혼란이 가중될수록 나는 스스로를 이도 저도 아닌 사람으로 생각하게 되었다.

나의 행복한 언어 경험 이야기

나는 만 네 살에 말레이시아 트렝가누라는 곳에서 해외 거주를 시작했다. 말레이시아는 말레이계, 중국계, 인도계 등으로 구성된 다민족·다종교 국가이다. 공용어는 말레이어이며 대부분의 사람들이 영어를 구사할 수 있다. 그곳에서 나는 현지 유치원에 다니기 시작했다. 기억이 잘 나지 않지만 아마 선생님들이 나에게 영어로 대화를 시도했던 것 같다. 물론 한국어가 아닌 언어가 처음인 나에게는 영어도 말레이어도 하나도 알아들을 수 없는 언어였겠지만 나름의 배려를 해 준 것이 아닐까 싶다.

어린 나이에 언어가 하나도 통하지 않는 상황에 갑작스레 놓인 것이 큰 스트레스로 다가오지 않았을까 싶지만 어렴풋한 기억 속의 나는 마냥 즐거웠던 것 같다. 유치원 활동은 다양한 놀이와 신체 활동이 주가 되니 언어의 장벽이 크게 느껴지지는 않았을 것이고, 사회적인 소통은 부모님이 대신해 주는 나이였기에 가능했을 것이다. 흐린 기억 중 유일하게 또렷한 유치원에서의 기억이 있다. 유치원에서 주최한 파티에 커다란 곰 인형 탈을 쓴 사람이 등장했는데 나는 기쁨을 말로 표현할 길이 없어 곰돌이 꼬리를 마구 두들기며 그때의 기분을 표현했다. 그 모습을 본 선생님들이 웃어 주는 것을 보고 더 열심히 두들겼던 것이 기억이 난다. 언어의 장벽 앞에서 누가 알려주지 않아도 본능적으로 비언어적 표현으로 열심히 소통했던 것이다.

약 1년 후 나는 가족들과 함께 중국으로 가게 되었다. 중국 연변에서 살게 되었는데 연변은 한족, 만주족 등 다양한 민족과 더불어 조선족이 많이 거주하는 지역이다. 아직 초등학교에 입학할 나이가 되지 않았던 나는 조선족이 운영하는 유치원 개념의 학전반에 다니게 되었다. 학전반에서의 모든 소통은 한국어의 연변 사투리라고 할 수 있는 연변말로 이루어져 다행히 선생님과 친구들의 말을 이해할 수 있었다. 아무도 시키지 않았지만 어린 나는 학전반 교실에서는 연변말을 사용하고 집에서는 표준 한국어를 사용했다. 그리고 왠지 부모님께 나의 언어 이중생활을 알리고 싶지 않아 학전반에서 연변말을 사용한다는 사실을 숨기기도 했다. 지금 생각해 보면 그 집단에 속하기 위해 해당 공동체가 사용하는 언어를 사용하고자 했던 어린 나이의 내가 신기하게 느껴진다.

언어뿐만 아니라 생활 면에서도 학전반은 한국에서 다녔던 어린이집, 그리고 말레이시아에서 다녔던 유치원과는 확연히 달랐다. 이전에는 놀이 위주의 아동 중심 활동이 이루어졌다면 학전반에서는 교사들의 엄격한 통제 아래 교과 학습 위주의 수업이 실시

되었다. 학전반 선생님들이 아이들을 굉장히 엄하게 다루셨는데 나도 딱 한 번 맞은 적이 있다. 낮잠 시간에 잠이 들기가 어려워 눈을 뜨고 있다가 머리를 아주 세게 맞아 낮잠 시간이 끝날 때까지 최선을 다해 눈을 꼭 감고 있었다. 아마 이것이 내 인생 처음으로 경험한 문화 충격이 아니었을까 싶다.

이후 초등학교에 입학할 나이가 되자 우리나라의 정규 교육과정을 따르는 연변한국국제학교에 입학했다. 부모님으로부터 말을 잘했다는 이야기를 들었던 나는 드디어 가장 자신 있는 언어로 학교생활을 하게 된 것이다. 가장 자신 있는 언어로 생활하다 보니 나는 무엇이든 잘하는 아이가 될 수 있었다. 초등학교 수준의 내용이기는 하지만 학업에도 자신감이 붙으니 늘 최고의 성적을 받을 수 있었고, 이러한 자신감은 교우 관계로도 이어져 매년 학급 임원을 도맡아 하고 친구들과도 항상 원활한 관계를 유지할 수 있었다. 연변한국국제학교에서는 우리나라의 교육과정 외에도 심도 있는 중국어와 영어 수업을 제공해 주었다. 학생별·수준별 수업을 지향하여 여러 학년 학생들이 섞여 수업을 들었는데, 나는 자신감에서 이어진 학업에 대한 성취도가 높아서였는지 또래에 비해 높은 수준의 수업을 들을 수 있었다. 이러한 상황에서 자신의 중국어와 영어 실력이 대단한 줄 알았던 어린이의 착각은 인생의 새로운 장으로 접어들며 산산이 부서지기 시작했다.

나의 괴로운 언어 경험 이야기

초등학교 4학년을 마치고 나는 다시 말레이시아로 이사를 하게 되었다. 이번에는 말레이시아의 수도인 쿠알라룸푸르에서 살게 되었다. 공립 화교학교에 다니게 되었는데 이때부터 나의 언어적 수난 시대가 시작되었다.

그때까지는 중국어를 꽤 잘한다고 자부했었는데 모든 수업을 중국어로 진행하는 화교학교에서는 엄청난 부진아로 전락하고 말았다. 학교의 커리큘럼 일정 때문에 나는 화교학교로 전학을 가자마자 시험을 보게 되었는데 국어인 말레이어 시험에서 난생처음 0점을 받아보았다. 다른 과목들도 충분히 소화할 수 있는 수준의 내용이었을 테지만 모두 중국어로 되어 있으니 이해를 할 수 없어 전부 낮은 점수를 받을 수밖에 없었다. 성적순으로 반을 배정하던 학교의 교칙대로 나는 제일 끝 반인 P반에서 초등학교 5-6학년을 다니고 졸업을 했다. 늘 우등생으로 친구들의 중심에서 학교생활을 하다가 순식간에 공부도 못하고 간단한 대화도 잘 나누지 못하는 아웃사이더로 변해 버린 것이다. 물론 많은 현지 아이들 틈에서 외국인으로서 많은 관심과 배려, 그리고 도움을 받으며 학교생활을 했지만 내가 있는 집단의 주류가 아니라는 사실은 학교생활 내내 나를 괴롭게 했던 것 같다.

긍정적인 기억보다 부정적인 기억이 강렬하기 때문일까? 화교학교에 다니며 아직도 머리와 마음에 선명히 남아 있는 아픈 기억들이 여러 가지 있다. 그 중 첫 번째는 음악 시간에 있었던 일이다. 학생이 한 명씩 선생님 앞에 나가서 가창 시험을 보는 날이었고, 시험은 교과서에 수록된 동요 중 원하는 곡 한 곡을 골라 부르는 방식이었다. 교과서에 실린 곡은 모두 중국어 동요였지만 평소 수업 시간에 여러 번 불러 보기도 했고 연습도 많이 했기에 자신 있게 선생님 앞에 섰는데 선생님은 나한테만 한국어로 된 노래를 부르라고 하셨다. 아마 선생님은 나를 배려해 주려는, 그리고 다른 아이들에게 한국어 노래를 들려주려는 의도였겠지만 그때의 나는 꽤 자존심이 상했었다. 마치 나는 간단한 동요도 중국어로 부를 수 없어 학급의 다른 아이들보다 못한 취급을 당한다고 느꼈었던 것 같다. 결국 나는 선생님의 배려에도 중국어로 가창 시험을 봤다.

이런 일도 있었다. 당시 말레이시아에서는 초등학교 졸업 전 'UPSR'이라는 성적 진단 시험을 보았는데 학교에서 특별 행사로 UPSR 시험과 관련해 아이들의 자신감을 북돋아 주는 행사를 마련한 적이 있다. 6학년 학생들이 모두 강당에 모여 특별 초청된 강사의 재미난 강연을 들었는데 강사가 강연 마지막 부분에 UPSR 시험에서 전 과목 A 등급을 받을 수 있는 학생들은 모두 강당의 무대 위로 올라오라고 했다. 잔뜩 흥이 오른 학생들은 너도나도 무대 위로 올라가 사진 촬영을 했지만, 선생님의 독려에도 나는 끝까지 무대 위로 올라가지 못했다. 내가 아무리 열심히 공부한다고 해도 중국어와 말레이어라는 언어의 장벽이 너무나도 높았기에 전 과목 A 등급은 현실적으로 절대 이루어질 수 없는 결과라고 생각했다. 다른 아이들이라고 모두 좋은 성적을 거둘 수 있어 무대 위로 뛰어 올라간 것이 아님을 알면서도 신이 나서 무대로 올라가는 내 모습이 너무나도 우스워 보일 것 같아 다른 몇 명과 함께 강당 바닥에 앉아 꿈쩍도 할 수 없었다.

내가 속했던 학년의 학생 수는 이백 명 가까이 되었는데 그중 한국인 학생이 세 명 있었다. 우리는 모두 같은 반에 배정받았고, 내가 아닌 나머지 두 남학생은 오랜 기간 이 학교에 다녀 중국어와 말레이어 모두 유창하게 구사할 수 있었다. 소통이 어려운 나를 위해 선생님은 둘 중 한 명을 몇 달 동안 나와 짝이 되어 앉도록 했다. 우리는 평소 한국어로 대화를 했는데 어느 날 장난스레 말다툼을 벌이게 되었다. 나는 이때를 기회 삼아 다른 친구들에게 나는 말 자체를 못하는 사람이 아니라는 것을 보여 주고 싶어 보란 듯이 아주 큰 소리로, 그리고 아주 빠르게 말을 쏟아내듯이 내뱉었다. 너희가 잘하는 언어를 못할 뿐이지 나도 잘 하는 언어가 있다는 것을 너무나도 보여 주고 싶었던 것 같다.

자신이 속한 공동체의 주류 언어를 잘 구사하지 못하는 것은 단순히 소통에 어려움을 겪는 문제에서 끝나지 않는다. 나의 경우 학생이기에 학업에 부정적 영향을 미쳤고, 이것이 곧 자존감 하락으로 이어지기도 했다.

감사하게도 어머니는 내가 처한 상황에서 벗어나도록 도움을 많이 주셨다. 친구들을 집으로 자주 초대해서 맛있는 한국 음식을 맛보는 자리를 마련해 주기도 하고, 지속된 부진의 경험으로 무기력함에 빠져 숙제조차 하지 않고 있던 나를 엄하게 다그치며 함께 앉아 공부를 하도록 도와주기도 했다. 모두 중국어로 된 학교 교재들을 펼쳐놓고, 요즘은 찾기도 힘든 두꺼운 종이 사전과 전자사전을 찾아가며 함께 공부해 주었다. 특히 수학을 많이 봐주신 덕분에 나는 우리 반에서 수학 과목 상위권 학생이 되었고, 수학 시간마다 또래 선생님으로 다른 아이들을 가르쳐 주기까지 했다. 이후 수학 외에도 내가 잘할 수 있는 분야를 열심히 찾기 시작했는데 미술 활동을 열심히 해 항상 교실 뒤 게시판에 나의 그림이 붙어 있게 되었다. 웃기게도 나는 미술에 크게 소질이 있는 편이 아닌데 내가 그린 그림이나 만든 작품을 따라 하는 아이들이 많이 생겨나기도 했다. 체육 활동에도 적극적으로 참여하여 반 대항 경기마다 학급 대표로 열심히 참여했다. 이런 지난 모습을 돌아보면 교사가 된 후 교실에서 만나는 일부 이주 배경 아이들의 모습이 겹쳐 보이기도 한다. 우리나라의 언어적, 문화적 경험이 다소 부족할 뿐인데 그로부터 파생되는 부정적 효과들이 참으로 안타깝게 느껴진다.

괴로운 언어 경험 이야기가 여기서 끝이 나면 좋았겠지만, 나는 또 새로운 괴로움을 맞닥뜨리게 된다. 초등학교 시절을 화교학교에서 마무리한 나는 영국식 국제학교 7학년에 입학하게 되었다.

중국어로 모든 수업이 이루어지는 학교에 겨우 적응했을 즈음 이번에는 모든 수업이 영어로 이루어지는 학교에 다니게 된 것이다. 화교학교의 영어 수업 수준은 그리 높지 않은 편이었기에 영어가 그리 어렵다고 느끼지 않았었다. 그러나 영국식 학교의 영어 수준은 굉장히 높았고 나는 또다시 귀와 입이 꽉 막힌 부진아로 돌아갈 수밖에 없었다. 간단한 회화 수준의 영어 수업을 듣다가 중등 문학 수업에서 셰익스피어의 고전을 읽어야 하니 그사이의 간극을 순식간에 메우기란 불가능했다. 마음이 아프지만 영국식 학교에서의 괴로웠던 경험을 떠올려 보고자 한다.

말레이시아 공립 화교학교와 영국식 국제학교의 학기 운영 방식이 달라 나는 초등학교를 졸업하고 7학년 2학기에 전학을 가게 된 셈이었다.(영국식 학교는 1년 3학기제로 9월에 새 학기를 시작한다.) 학교에 다니기 시작한 지 얼마 되지 않았을 때 과학 수업을 듣던 중에 일어난 일이다. 영어로 된 과학 용어를 하나도 모르던 나는 그저 소음에 불과한 선생님의 수업을 듣다가 옆에 앉은 한국인 친구와 잠시 떠들었다. 그 모습을 본 선생님이 조용히 하라는 의미로 'silence'라고 하셨는데 그 단어의 뜻조차 이해하지 못한 나는 내게 하는 말인 줄도 모르고 계속 소곤소곤 이야기를 이어 나갔다. 결국 화가 난 선생님은 나에게 사전으로 'silence'의 뜻을 찾아보게 했다. 뜻을 확인한 나는 얼굴이 새빨개질 수밖에 없었다. 모두가 보는 앞에서 지적을 받은 것도 너무나 창피했지만 조용히 하라는 뜻조차 이해하지 못한 나 자신이 수치스럽게 느껴졌다.

나는 영국식 국제학교를 7학년부터 11학년까지 다니고 영국식 교육과정인 'GCSE'를 국제 커리큘럼으로 개조한 'IGCSE'를 이수하여 시험을 보고 졸업을 했다. 최종적으로 이 시험에서 성공적인 결과를 내기 위해 학생들은 5년 동안의 중고등 과정을 거치는데, 우리나라에서 이과와 문과로 나누어 수업을 듣듯이 다양한 과목을 선택하여 공부하고, 또 같은 과목도 여러 수준으로 반을 나누어 수업을 들었다. 나는 영어 과목을 ESLEnglish as a Second Language 반에서 들었는데 상위 수준의 반이 아닌 것이 늘 자존심이 상했었다. 7학년에 입학하며 영어를 본격적으로 배우기 시작했고, 한국어가 모어인 내가 ESL 반에서 영어를 익히는 것이 어떻게 보면 자연스러운 일임에도 부진 학생으로 낙인이 찍히는 것 같아 불쾌하게 느껴졌던 것 같다. 상위 반에 있는 학생들이 학교에서 주류 문화 집단을 이루고 이끌어 가는 것처럼 느껴져 ESL 반에 있고 싶지 않았던 것도 있다. 하지만 지나고 보니 꼭 그렇지만은 않았다. 나의 자격지심이었다.

5년간 영국식 국제학교에 다니며 영어 실력이 많이 향상되고, 새로운 문화 집단에도 잘 적응하여 즐겁게 학교생활을 마칠 수 있었다. 졸업 후, 나는 예비대학 형식인 칼리지에 다니며 영국식 수학능력시험이라고 할 수 있는 'A Level' 시험을 보고 해외 생활을 마무리 지었다.

또 이방인이 되다

나는 약 15년의 해외 생활을 마치고 대학 진학을 위해 한국으로 돌아왔다. 해외에서 거주하며 한국인으로서의 정체성이 확고했던 나는 한국에서 새롭게 만나는 사람들이 나를 신기하게 여기는 것에 오히려 신기함을 느꼈다. 가정 언어로 한국어를 사용하고, 말레이시아에 거주하는 동안 매주 토요일 한인학교에서 초등부터 고등 교육과정 국어와 수학을 한국 교과서로 공부했으며 일요일이면 한인교회에서 예배를 드렸던 나는 한국에서 평생을 살았던 사람보다 한국인으로서의 정체성이 명확했을지도 모르겠다. 그런데도 사람들은 내 국적을 묻곤 했고 내가 구사할 수 있는 언어에도 관심이 많았다. 늘 외국인으로서 이방인의 입장에서 살아오다가 한국으로 돌아왔는데도 계속해서 이방인 취급을 받는 것이 다소 충격적이기도 했다. 대학교 1학년 때 학교 근로장학생으로 교내 카페에서 일을 했었는데 같은 과 친구들이 우스갯소리로 나를 외국인 노동자라고 부르기도 했다.

나는 늘 학교 동기들보다 부족한 한국어 실력으로 학교생활을 잘해 나갈 수 있을까 걱정이 많았다. 학부 학업에 크게 열정을 가지지는 않았지만, 졸업 후 교사 임용 시험만큼은 반드시 합격해서 또다시 부진아로 하락하는 일만은 막고 싶었다. 학부를 졸업한 뒤 다행히 교사 임용 시험에 합격할 수 있었고 나는 나의 흥미와 특성을 고려해 대학원 진학을 고민하기 시작했다.

나의 혼란스러움은 끝이 없었다. 나는 한국인이지만 우리 사회에서 생각하는 한국인과는 조금 다른 것 같기도 하고, 여러 언어를 구사할 수 있지만 그 어떤 언어도 제대로 구사할 수 없는 것 같았다. 그 무엇도 어떤 수준과 기준에 도달하지 않는 말 그대로 '이도 저도 아닌 사람'처럼 생각되었다. 또 교사가 된 이후에 많은 선배 선생님들로부터 교사를 직업으로 갖기엔 내가 가진 것들이 아깝다는 말을 많이 들은 것도 나를 더욱 혼란스럽게 했다.

이 혼란스러움은 대학원 진학 분야를 결정함과 함께 정리될 수 있었다. 나는 대학원에서 다문화교육을 전공하기로 선택했는데 나의 이 '이도 저도 아님'을 '다문화'라고 표현할 수 있겠다는 생각이 들었기 때문이다. 우리나라에서 '다문화'는 국제결혼을 한 부부와 그 자녀로 이루어진 가정, 즉 이주 배경 가정이나 학생을 뜻하는 의미로 사용되고 있다. 그러나 '다문화'란 말 그대로 다양한 문화를 의미한다. 이런 의미로 보자면 사람은 누구나 다문화를 경험하고, 다문화사회 속에서 살아간다. 그중 나는 다양한 언어를 경험하며 그 언어들이 미치는 영향을 깊게 느꼈기에 언어의 중요성을 인식했고, 이러한 언어적 경험을 교육으로 어떻게 풀어 나갈 수 있는가를 연구하고 싶어졌다.

이도 저도 아닌 선생님의 다중언어 수업

교사가 된 나는 나의 지난 경험과 내가 지닌 능력을 살려 아이들에게 풍부한 언어 학습 경험을 제공하고 싶은 마음에 부풀었다. 그러나 학교 현실은 달랐다. 학기 중 필수적으로 다루어야 하는 교육 내용은 이미 차고 넘쳤고, 수많은 학교 행사와 수업 외 업무들을 처리하느라 정신이 없었다. 또, 저연차 교사였던 내가 혼자 다중언어교육을 연구하고 수업을 재구성하여 실시하기에는 시간도 능력도 부족했다. 그러던 중 대학원에서 다중언어교육과 관련한 강의를 듣게 되었는데 이 강의를 통해 나는 다중언어교육에 대해 더욱 심층적으로 고민할 수 있었고, 선생님들과 수업을 재구성해 보는 등 혼자서는 해내기 어려웠던 다중언어 수업에 한걸음 가까이 다가갈 수 있었다. 이것을 계기로 나는 담임교사의 다중언어 수업이 학생들에게 어떤 영향을 미치는가를 논문 주제로 정해 연구를 시작했다.

당시 내가 근무했던 학교는 서울특별시 중랑구의 한 초등학교로 학급당 학생수는 평균 24명이었으며 그 중 이주 배경 학생은 학급당 0~3명 정도씩 배정되어 있었다. 연구를 진행하던 해에 내가 담임을 맡았던 학급에는 다양한 언어적 배경을 지닌 학생들이 세 명 있었는데 각각 중국어, 베트남어, 이탈리아어를 사용한 경험이 있었다. 나는 이들의 언어적 배경을 살려 다중언어 수업을 실시하고 그 효과를 연구하고자 했다.

다중언어 수업을 위의 세 학생만이 아닌 학급 전체를 대상으로 진행하고자 했던 이유는 다음과 같다. 첫째, '다문화'라는 용어 사용이 보편화되면서 문화적 다양성에 대한 관심은 증가하였으나 언어적 다양성에 대한 인식 및 존중이 부족한 경향이 있었다. 둘째, 다양한 언어적 배경을 지닌 학생들에게 동화주의적 관점에서 한국어 습득을 강조하고, 다중언어교육을 이주 배경 학생들만을 위한 교육으로 인식하는 것에 문제가 있다고 생각했다. 셋째, 글로벌 시대에 맞추어 다양한 언어에 대한 모든 학생의 인식 개선이 필요함을 발견하였다. 넷째, 외국어 강사 혹은 이중언어 강사가 아닌 담임교사의 다중언어 지도가 가지는 장점에도 불구하고 이러한 사례 혹은 연구가 부족하다고 보았다. 이 같은 필요성에 따라 나는 수업의 계획, 개발, 적용 및 효과 분석의 절차와 내용을 다음과 같이 설정하여 실시하였다.

단계	연구 절차	주요 연구 내용
I. 계획 수립	다중언어 수업 개발을 위한 기초조사	- 연구 주제에 관한 선행연구 조사 - 적용 대상 및 기간 등 연구범위 설정
	다중언어 수업 개발 계획 수립 및 검사 도구 설정	- 다중언어 수업 목표 수립 - 사전, 사후 검사 도구 설정
II. 다중언어 수업 개발	다중언어 수업 개발	- 다중언어 수업 적용 제재 선정 - 다중언어 수업에 활용되는 언어 선정 - 차시별 세부 활동 구성 - 차시별 학습 자료 개발

III. 수업적용 및 효과 분석	다중언어 수업 실시	- 사전 검사 실시 - 실험집단에 다중언어 수업 실시 - 사후 검사 실시
	다중언어 수업 효과 분석	- 통계 검증 및 효과 분석 - 연구 결과 요약 및 정리

다중언어 수업의 언어는 학생들과 나의 특성을 고려하여 중국어, 베트남어, 말레이어, 이탈리아어 총 네 개 언어로 선정하여 수업을 구성하였다. 다중언어 수업의 구성은 2015 개정 초등학교 영어과 교육과정의 내용체계 틀의 일부에 맞게 구성하였으며 네 개의 언어를 각각 3차시로 설정하여 총 12차시의 수업이 되도록 하였다. 각 언어별 활동은 중국어로 학생 연령에 적합한 노래 발표 활동하기, 베트남어로 간단한 대화를 익혀 역할놀이 발표하기, 말레이어로 간단한 대화를 익혀 물건 사고팔기 놀이하기, 이탈리아의 동요 익혀 놀이 활동하기로 구성하였다.

이중 이탈리아 동요 익히기는 이탈리아어 구사 학생의 보호자에게 도움을 받았다. 다양한 수업 준비 방법 중 학생의 보호자에게 동화나 동요 등의 수업 소재를 추천받는 것은 다중언어 수업을 계획하는 다른 교사에게도 권하고 싶다. 생소한 언어를 다루는 교사는 시간 절약과 정보 제공과 같은 도움을 얻을 수 있고, 이주 배경 학생은 학급 활동에 부모의 도움을 받는다는 자부심을 느낄 수 있으며, 교사·학생·보호자가 교육을 함께 이루어 나가는 이상적인 형태를 현실화할 수 있기 때문이다.

수업의 세부 내용은 다음과 같다.

① 중국어

언어	차시	주요 기능	학습 목표	학습 내용
중국어	1	듣기	인사말과 간단한 대화를 듣고 이해할 수 있다.	• 중국 문화와 관련된 내용 살펴보기 • 인사말과 간단한 대화 듣기 • 익힌 어구를 듣고 뜻 맞추기 놀이하기
중국어	2	말하기	중국어 노래를 듣고 부를 수 있다.	• 인사말과 간단한 대화가 나오는 노래 듣기 • 익힌 어구와 관련된 노래 따라 부르기 • 익힌 어구와 관련된 노래 부르며 놀이하기
중국어	3	혼합	중국어 노래에 어울리는 동작을 만들어 발표할 수 있다.	• 자유롭게 동작으로 표현하며 노래 부르기 • 노래에 어울리는 동작 만들기 • 동작과 함께 노래 발표하기

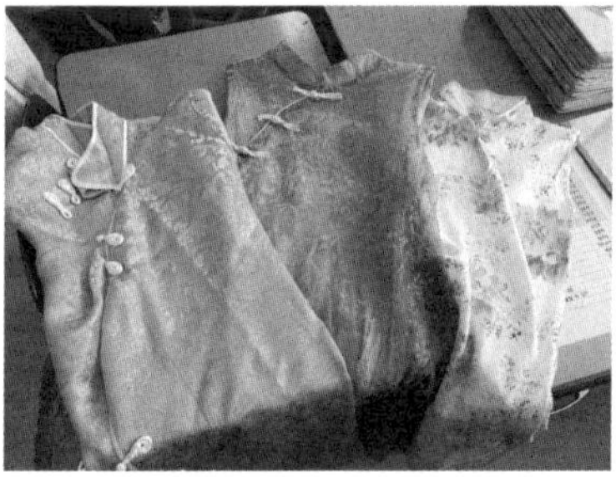

학생이 직접 준비해 온 중국 전통 의상

중국어 노래 발표회

② 베트남어

언어	차시	주요 기능	학습 목표	학습 내용
베트남어	1	듣기	인사말과 간단한 대화를 듣고 이해할 수 있다.	• 베트남 문화와 관련된 내용 살펴보기 • 인사말과 간단한 대화 듣기 • 익힌 어구를 듣고 뜻 맞추기 놀이하기

베트남어	2	말하기	인사말과 간단한 대화를 말할 수 있다.	• 인사말과 간단한 대화 듣고 따라 말하기 • 익힌 어구 말하기 놀이하기 • 익힌 어구를 활용하여 간단한 역할놀이 대본 만들기
베트남어	3	혼합	인사말과 간단한 대화를 활용하여 역할놀이를 할 수 있다.	• 익힌 어구를 활용하여 만든 대본 연습하기 • 역할놀이에 필요한 베트남 문화 관련 소품 만들기 • 역할놀이 발표하기

베트남어 역할놀이 발표회

말레이어로 바자회 놀이하기

③ 말레이어

언어	차시	주요 기능	학습 목표	학습 내용
말레이어	1	듣기	인사말과 간단한 대화를 듣고 이해할 수 있다.	• 말레이시아 문화와 관련된 내용 살펴보기 • 인사말과 간단한 대화 듣기 • 익힌 어구를 듣고 뜻 맞추기 놀이하기
말레이어	2	말하기	인사말과 간단한 대화를 말할 수 있다.	• 인사말과 간단한 대화 따라 말하기 • 익힌 어구 짝과 연습하기 • 익힌 어구 말하기 놀이하기
말레이어	3	혼합	인사말과 간단한 대화를 활용하여 바자회 놀이를 할 수 있다.	• 바자회 놀이에 필요한 어구 연습하기 • 말레이어로 물건을 사고팔며 바자회 놀이하기 • 내가 산 물건 발표하기

④ 이탈리아어

언어	차시	주요 기능	학습 목표	학습 내용
이탈리아어	1	듣기	인사말과 간단한 대화를 듣고 이해할 수 있다.	• 이탈리아 문화와 관련된 내용 살펴보기 • 인사말과 간단한 대화 듣기 • 익힌 어구를 듣고 뜻 맞추기 놀이하기
이탈리아어	2	말하기	인사말과 간단한 대화를 말할 수 있다.	• 인사말과 간단한 대화가 나오는 노래 듣기 • 익힌 어구와 관련된 노래 따라 부르기 • 익힌 어구와 관련된 노래 부르며 놀이하기
이탈리아어	3	혼합	이탈리아어 노래에 어울리는 동작을 만들어 발표할 수 있다.	• 자유롭게 동작으로 표현하며 노래 부르기 • 노래에 어울리는 동작 만들기 • 동작과 함께 노래 발표하기

다중언어 수업 실시 결과 학생들의 다양한 언어에 대한 인식이 긍정적으로 변화한 것을 확인할 수 있었다. 첫째, 다양한 언어에 대한 흥미와 관심이 상승했다. 다양한 언어에 큰 관심이 없던 학생들은 수업을 계기로 여러 언어에 관심을 가지게 되었고, 평소 어렵게만 생각했던 언어들에 흥미를 느끼기 시작했다. 수업에 참여하기 전에는 여러 언어에 대한 부담과 두려움이 있다고 표현했던 몇몇 학생들은 수업 후에는 오히려 재미있었다는 반응을 보였다. 둘째, 다양한 언어의 중요성을 이해하게 되었으며 존중하는 태도도 함께 길러졌다. 수업 전에도 대부분 한국어만 우수하고 중요한 것이 아니라 다른 언어도 중요하다는 것을 알고는 있었으나 단순 지식을 넘어 공감하는 태도로 연결하는 데는 어려움이 있었다. 그러나 다양한 언어를 경험해 본 아이들은 각 언어가 가진 의미와

역할을 존중하는 모습을 보여 주었다. 셋째, 주변의 다양한 언어를 구사하는 학생에 대한 관심과 이해도가 상승했다. 다중언어 수업에 참여하며 학생들은 해당 언어를 사용하는 주변인을 떠올렸다. 평소 이주 배경 학생의 입장에서 생각해 볼 기회가 없었던 학생들에게 이 수업은 타인의 처지에서 생각해 볼 기회가 되었고, 친구들이 겪는 어려움과 그들이 지닌 장점에 대해 생각할 수 있었다. 넷째, 다양한 언어 학습에 대한 동기부여가 되었다. 학생들이 이번 다중언어 수업을 단순 경험으로 접하는 것을 넘어 다양한 언어를 지속적으로 배워보고 싶은 마음을 가지게 된 것이다. 다섯째, 다양한 언어의 행동적 실천에 대한 동기부여가 되었다. 여러 언어를 계속해서 경험해 보고 싶다는 반응을 보인 아이들은 언어 지식 습득을 넘어 자신이 학습한 언어를 사용하는 국가에 직접 방문하여 언어와 문화를 더욱 가까이 접하고 싶다는 반응을 보였다. 여섯째, 한국어와 영어만을 중시하는 인식을 탈피하게 되었다. 우리나라에서 주로 사용되는 한국어와 영어 외의 언어는 접하고자 하는 의지를 전혀 보이지 않던 일부 학생들이 한국어와 영어가 아닌 다른 언어도 중요하다는 것을 알게 되었고, 더 나아가 모든 언어를 존중하고자 하는 모습을 보였다.

위 다중언어 수업 프로그램을 3년 동안 매해 다른 학년군의 학생들을 대상으로 실시한 뒤 나는 다중언어에 관심과 흥미를 가지고 있는 교사들과 함께 다중언어 실행공동체로 모여 다중언어교

다중언어 인식 변화	학생 반응
다양한 언어에 대한 흥미와 관심 상승	- 중국어를 어렵게만 생각했는데 막상 하니까 어렵지 않고 재미있었다. - 말레이어로 숫자를 세는 방법이 우리나라와 비슷해서 관심이 생겼다.
다양한 언어의 중요성 이해 및 존중하는 태도 함양	- 우리나라 언어가 최고인 줄 알았는데 다른 나라 언어도 중요하다는 생각이 든다. - 다른 나라 말도 존중해야 한다는 것을 알았다.
주변의 다문화/다언어 학생에 대한 관심과 이해도 상승	- 다문화 가정 친구들을 좀 더 이해하게 해 주어 좋았다. - 우리가 ㅇㅇ이에 대해 잘 몰랐는데 이제 ㅇㅇ이에 대해 잘 알게 되었다.
다양한 언어 학습에 대한 동기부여	- 다른 나라 언어는 배울 필요가 없다고 생각했는데 앞으로 더 많이 배우고 싶다. - 중국어 공부가 어려울 것 같았는데 막상 해 보니 재미있었고, 다른 언어 공부도 빨리 하고 싶다.
다양한 언어의 행동적 실천에 대한 동기 부여	- 말레이어를 배워서 말레이시아에 가서 꼭 써먹어 보고 싶다. - 이탈리아어를 열심히 배워서 꼭 이탈리아에 가고 싶다.
한국어와 영어만을 중시하는 인식 탈피	- 한국어만 대단한 줄 알았는데 다른 나라어도 중요하고 대단하다는 것을 알게 되었다. - 영어만큼 다른 외국어도 중요한 것 같다.

육에 대한 고민을 더욱 깊이 있게 해 볼 기회를 얻게 되었다. 서울교육대학교 장은영 교수님을 중심으로 '다중언어란 무엇인가'에서 출발한 우리는 각자 근무하는 학교와 학급 상황에 맞는 다중언어 수업을 기획하고 실행하여 수업 시행 결과를 발표하는 데에 이르렀다.

나는 이 기회를 통해 지난 3년 동안 실시한 다중언어 수업 프로그램에서 느꼈던 한계들을 수정하고 보완하여 발전시키고자 하였다. 첫째로는 코로나19 상황과 같이 등교가 어려운 특수 상황에서도 수업을 할 수 있는 온·오프라인 블렌디드 수업으로 확장시키고자 하였다. 스마트 기기를 다루는 것이 익숙해진 학생들에게 여러 가지 온라인 자료를 제공하면 더욱 풍부한 학습 경험을 제공해 줄 수 있을 것이라 기대했기 때문이다. 그리고 둘째로는 위의 다중언어 수업 프로그램은 다중언어 경험이 많은 일부 교사만이 실행 가능하다고 주장하는 교사들을 위해 교실 상황에 투입하기 좋은 비교적 간단한 수업으로 축소하고자 하였다. 이런 목표에 맞춰 수정한 다중언어 수업에서는 중국어와 베트남어만을 수업 소재로 삼았다. 당시 내가 근무하던 학교에 중국, 베트남과 관련된 이주 배경 학생이 가장 많았기 때문이다.

총 4차시로 구성된 수업 프로그램 중 1~2차시는 교실에서 온라인 수업으로, 나머지 3~4차시는 화상 회의 플랫폼(ZOOM)을 이용한 온라인 수업으로 진행하였다. 1~2차시 중국어 오프라인 수업에서는 학생들이 간단한 중국어 노래를 익혀 낱말 카드 놀이와 노래 부르기 놀이 활동에 참여하였다. 이후 3~4차시 베트남어 온라인 수업에서는 동영상 플랫폼(유튜브)의 노래 영상 콘텐츠와 문화다양성 그림 동화 웹사이트(올리볼리)의 베트남 그림 동화를 활용하여 베트남어를 접해 보았고, 프로그램 내 소그룹 기능을 이용하여 모둠별로 노래에 어울리는 동작을 만들어 발표하는 활동을 해보았다.

수업 후 학생들의 반응은 12차시 수업 때의 학생 반응과 유사

했으며 여러 가지 온라인 콘텐츠를 활용해서인지 새로운 것을 접할 때마다 더욱 열띤 관심과 흥미를 보였다. 또, 교사의 목소리와 설명과 더불어 다양한 온라인 시각 자료와 청각 자료를 통해 다양한 언어의 정확한 발음을 들으며 더 생생한 다중언어 경험을 할 수 있었다.

온라인 수업을 통한 베트남어 낱말 카드 놀이

몇 년 전 내가 다중언어교육에 처음 관심을 가졌을 때만 해도 우리나라에서 다중언어교육과 관련된 서적이나 논문을 찾아보기 어려웠다. 이 분야를 연구하고 수업을 개발하는 것이 정말 필요하고 의미가 있는 것인지, 단순히 내가 다양한 다중언어 경험이 있기에 관심을 가지는 것은 아닌지 고민이 되기도 했다. 그러나 다중언어교사 실행공동체 구성원과 함께 모여 연구하고 논의하며 다중언어교육이 우리 아이들에게 굉장히 중요하고 추후 지속적인 필수 교육으로 제공되어야 한다는 확신을 가지게 되었다. 다양한 문화적 배경을 지닌 사람들이 섞여 살아가고, 자연스레 여러 언어가 혼용되는 사회에서 살아가는 우리 아이들에게 다중언어교육은 단순히 언어 지식을 습득하는 것을 넘어 모두가 더불어 살아가는 방법을 알도록 하는 것이다. 다중언어교육을 통해 아이들은 문화다양성 감수성을 키우고, 언어 속 문화를 통해 서로를 이해하고, 서로에 대한 존중과 배려하는 마음을 지니게 된다. 평생을 다양한 언어와 맞닥뜨리며 살아온 나는 이도 저도 아닌 듯했지만 결국은 다중언어 경험을 통해 위에서 언급한 다중언어를 통한 이점들을 지닌 사람으로 성장하게 되었다. 이러한 결과물인 내가 교사가 되어 학생들에게 비슷한 경험을 제공하는 것은 나에게 주어진 숙제이며 큰 보람이기도 하다.

우리는 모두 이도 저도 아니다

여러분은 '당신은 누구십니까?'라는 질문에 자신 있게 누구, 또는 무엇이라고 간단히 대답할 수 있는가? 아마 쉽게 답하지 못하리라 생각된다. 왜냐하면 우리는 모두 복합적인 인격체이기 때문이다. 모든 이들의 생김새가 다르듯 우리 개개인은 살아온 삶의 길이 다르고 경험한 것이 다르다. 이전의 나는 나의 언어적 경험을 떠올렸을 때 이도 저도 아닌 듯한 점이 불편하게 느껴졌었다. 그러나 지금의 나는 이도 저도 아닌, 다른 말로 하면 이것이기도 저것이기도 한 여러 가지의 집결체인 나 자신이 참 좋다. 결국 수많은 경험이 모여 지금의 내가 만들어진 것이다. 언어적 경험 역시 그렇다.

우리나라 사람들은 유독 영어에 대한 자신감이 부족하다. 영어 독해 능력이나 문법에 대한 이해도가 높은 편임에도 자신을 스스로 영어 잘하는 사람으로 여기는 경우가 거의 없다. 요즘은 영어 회화 능력 또한 우수한 사람들이 많음에도 불구하고 말이다. 나 역시 마찬가지였다. 오랜 기간 해외에 거주했음에도 잘 구사하는 언어가 없다고 생각했다. 과연 언어를 잘 구사한다는 것의 기준은 무엇일까? 다중언어교사 실행공동체에서 다중언어 수업을 개발하여 공유하고 논의한 결과, 우리는 아주 사소한 언어 경험만 있어도 해당 언어를 구사할 수 있는 것으로 보고 두 가지 이상의 언어를 사용해 본 사람을 다중언어 구사자로 보기로 했다. 학교에서 무조건 한국어와 영어를 접하는 우리 아이들은 모두 다중언어 구사자인 것이다.

지금 우리 사회는 이미 다양한 언어가 혼용되고 있고, 앞으로는 더욱 다양한 언어들이 함께 사용될 것이다. 이러한 시대의 흐름 속에서 아이들에게 다중언어교육은 필수적으로 제공되어야 한다. 단순히 다양한 언어능력을 습득하는 것을 넘어 언어를 통해 문화를 이해하고, 타인에 대한 이해와 공존을 학습하도록 지도해야 할 필요가 있다. 이를 위해서는 교사들이 다중언어 수업을 끊임없이 연구하고 발전해야 하는데 현실적으로 현재 현장의 교사들에게는 시간과 여력이 없는 것 또한 사실이다. 따라서 먼저 교사 연수를 통해 다중언어교육에 대한 인식 변화를 일으키고, 다중언어교육과 관련한 다양한 수업 자료 및 교육 프로그램을 개발하여 많은 교사들이 손쉽게 수업에 활용할 수 있도록 도와야 한다. 다중언어교육에 관심을 갖고, 우리 아이들의 미래와 우리 사회의 안녕을 위해 모여 연구하고 실천하는 다중언어교사 실행공동체가 조심스레 그 첫걸음을 떼었다고 생각한다. 부디 우리의 첫걸음이 더욱 많은 이들의 걸음이 되어 우리 아이들의 미래를 환히 밝히기를 소망한다.

김수빈 이도 저도 아닌 사람이 아니라, 이것이기도 저것이기도 한 다채로운 사람이다. 사람됨의 교육을 끊임없이 고민하는 교사이자, 내 자식들 사람 만들기가 가장 어려운 두 아이의 엄마이기도 하다. 그리고 언제나처럼 이 글 뒤에서 묵묵히 응원해 준 남편에게 깊은 고마움을 전한다.

5

나의 다중언어 연대기

석경원 인천 십정초등학교

학생들은 그 어려운 것을 해내기 위해
부단히 노력하고 있다. 더듬더듬
천천히, 다소 틀린 발음으로
말하더라도 무엇을 의미하는지
알아차리고 적절한 반응을 해 줄
필요가 있다.

'늦게 배운 도둑이 날 새는 줄 모른다'고, 스무 살 이전까지 한 번도 해외에 나가본 적 없는 나는 지인들로부터 "이번 연휴 때는 어디 안 가?"라는 질문을 받을 정도로 해외여행을 즐기는 사람이 되었다. 병역의 의무를 다하기 전 만든 5년짜리 여권의 거의 모든 페이지에 출입국 허가 도장이 찍혀 있고, 낡은 캐리어 가방에는 공항에서 붙인 스티커가 잔뜩 붙어 있다.

동시에 또 많이 받는 질문은 "혼자 해외 나가면 안 무서워? 말은 어떻게 통해?"이다. MBTI 검사를 하면 그래도 J쪽 성향이 우세하게 나오는 나는 해외에 가기 전 여행 책자를 여러 권 찾아보고, 먼저 그 나라에 다녀온 사람들이 올린 블로그 게시물을 꼼꼼히 읽어 보는 편이다. 그리고 준비하는 또 한 가지는 바로 그 나라의 간단한 회화를 배워 보는 것. 비록 벼락치기로 외우고 다녀와서 절반 이상은 까먹지만, 그래도 현지에서 그 나라 언어로 소통하려고 노력하는 것이 나의 해외여행의 근본 원칙이라 할 수 있다.

대학생 때부터 해외에서 살며 현지에서 근무하는 꿈을 꾸던 나는 재외국민 한국학교에 파견 근무를 희망하여 지원서를 작성한 적도 있다. 그렇지만 예상치도 못하게 갑자기 전 세계를 마비시킨 코로나19, 그리고 이후에 연이어 발발한 국제 전쟁 등으로 해외 파견을 잠시 보류(?)하게 되었다. 그 대신이라 할 수는 없지만, 여러 사정으로 인해 대한민국으로 와 새로 터전을 마련한 외국인 학생들에게 한국어를 가르치는 학교에서 근무하는 경험을 할 수 있었다. 벼락치기로 외운 외국어들의 불씨를 살리고, 새로운 언어들을 접하면서 학생들과 나는 진정한 의미의 '교학상장'을 이루고 있다. 나는 너의 한국어 선생님, 그리고 너는 나의 외국어 선생님. 해외 각지에서 찾아온 국가대표들과 만나기까지, 내가 외국어와 만난 연대기를 조심스럽게 풀어 보고자 한다.

한자와 영어, 그리고 제2·제3 외국어

굳이 명절이 아니더라도, 사이가 좋았던 아버지의 형제들은 가족들과 함께 경기도 큰아버지댁에 자주 모였다. 어른들은 모이

하늘 천 땅 지, 한자 공부

면 사는 이야기를 나누며 회포를 푸셨는데, 당시 미혼이던 작은아버지를 제외한 5남매는 모두 자식이 둘씩 있었다. 10명이나 되는 아이들이 바글바글 모이면 예상치 못한 사고가 일어나기 마련인데, 이를 방지하기 위해 큰아버지께서 내신 묘책은 바로 '한자 쓰기'였다. 그땐 『마법천자문』 시리즈도 없었기 때문에 작은 옥편을 주시며 종이에 빽빽이 한자와 훈음을 쓰게 하셨다. 다 써 가면 얼마나 외웠는지 간단한 테스트를 하셨는데, 테스트에 통과하면 용돈을 주곤 하셨다. 잠시나마 조용해진 아이들을 기특한 눈으로 보시곤 결국 테스트를 통과하지 못한 사촌들에게도 용돈을 주셨다.

우리는 그걸 가지고 나가 밖에서 일일 부자가 되어 간식을 사 먹고 문구점에서 평소에 사고 싶던 물건들을 사곤 했다. 그리고 놀이터에서 해가 질 때까지 진이 빠지도록 놀고 나면 집에 돌아갈 시간이 되는 것이었다.

나는 큰아버지댁에 가는 것을 좋아했다. 용돈을 받아 군것질을 하는 것도 좋았지만, 어른들로부터 인정받는 것, 그림 같지만 어려운 글자를 쓰며 새로 배우는 것에 재미를 느꼈던 것 같다. 이때 공부한 기초 한자들이 국어나 사회, 다른 외국어를 이해하는 데 도움이 되었다는 사실은 분명하다. 나중에 접하게 된 일본어나 중국어를 공부할 때 효과를 톡톡히 봤기 때문이다.

나는 초등학교 3학년 때 영어를 처음 배운 7차 교육과정 세대이다. 당시 'A는 Apple의 A, B는 Banana의 B'라는 아주 쉬운 수준의 교과서로 영어를 배웠는데, 특히 내가 좋아했던 시간은 찬트chant와 노래song를 통해 영어 어휘와 표현을 배우는 시간이었다. 학년이 끝날 때 받는 성적표의 영어 교과 발달 칸에는 "찬트와 노래를 즐겨 부름"이라는 문구가 적혀 있었다. 당시의 나에게 영어란 외국어라기보다는 또 다른 음악 시간이었다.

당시 즐겨 듣던, 좋아하는 가수들의 노래 가사에는 문법을 고려하지 않은 영어가 섞여 있곤 했다. 오늘날에는 위상이 높아진 K-Pop 역시 가사의 절반 이상이 영어로 된 노래들도 있지만, 그 당시에는 그룹 내 교포 출신의 멤버가 짧고 굵게 한두 마디 영어 랩을 하는 수준이었다. 그 뜻까지 전부 알아야 제대로 노래를 이해하는 거라고 생각했고, 부모님께 영어 공부를 위해(가사 해석을 위해) 영한사전을 사달라고 말씀드리기도 했다. 외국어 학습에 흥미와 관심을 키우게 된 것은 이때부터였다고 생각한다.

중학생이 되어 선택한 제2외국어 과목은 '일본어'였다. 당시 내가 다닌 중학교에서는 제2외국어 과목으로 '일본어'와 '중국어'가 있었는데, 2002년 중국은 새로 국제사회 질서에 편입되어 한창 부흥하던 시기였고, 일본은 잃어버린 10년이라는 기사가 나올 정도로 버블 경제의 문제가 드러난 시기였다. 당연히 취업이나 미래를 보면 중국어가 훨씬 전도유망한 선택이었겠지만, 내가 일본어 과목을 선택한 이유는 당시 좋아하던, 지금도 좋아하는 한 가수 때문이었다.

나보다 고작 몇 살 많은 그녀가 일본에서 일본어로 노래하고 방송에서 이야기하기 위해서 얼마나 노력했을지 상상도 하기 어렵다. 한국어로 불렀던 노래를 일본어로 부르니 또 다르게 들리는 것이 신기했다. 자연스레 한국어 가사와 일본어 가사를 비교하며 노래를 듣게 되었고, 일본어에 흥미와 관심을 가지게 되었다. 같은 일본어 반에서 만난 친구들과 교류하며 다른 J-Pop도 접하게 되었다. 그리고 영어와 마찬가지로 가사 해석을 통해 일본어를 공부하게 되었다.

우리나라의 대중가요는 연인 간의 사랑과 이별을 주제로 한 가사들이 주를 이루는 데 비해 J-Pop의 가사들은 학창 시절에 대한 그리움, 친구와의 우정, 가족 간의 고마움 등을 주제로 한 다양한 가사들이 있었고 한창 사춘기 시절을 겪고 있던 나에게 와닿고 위로가 되는 노래들이 많았다. J-Pop 가사 해석을 위해 일한사전이 필요했는데, 한/영/일/중 4개 언어 전자사전을 생일 선물로 받아 몇날 며칠을 만지작거리며 얼마나 기뻐했는지 모른다.

꾸준한 관심으로 대학생 때 회화 학원도 다니고, JLPT 시험을 치러 N2 급수의 자격증도 따게 되었다. 일본어를 노래 가사로 공부한 내게 시험 유형은 무척 생소했지만, 신기하게 한자를 읽어 뜻을 짐작하여 풀 수 있었던 문제가 많았던 것으로 기억한다. 어릴 적 공부했던 한자가 이렇게 도움이 되는구나 싶었다.

일본어와 일본 문화에 심취하여 10대를 보내고, 20대가 되어 대학생이 된 나는 첫 해외여행을 다녀오게 된다. 첫 해외여행은 당연히 일본으로 가겠다는 나의 결심과 달리, 여권을 만들고 처음 가게 된 나라는 한 번도 생각해 본 적 없는 '중국'이었다. 친구 가족과 동행하게 된 중국 베이징 패키지 여행을 통해 당시 베이징 올림픽이 끝나고 제법 선진화된 중국의 면모를 확인할 수 있었다. 급히 배운 중국어라고는 '이1, 一, 얼2, 二, 싼3, 三, 쓰4, 四' 숫자와, '니 하오안녕하세요, 你好', '셰셰감사합니다, 谢谢', '두이부치죄송합니다, 对不起' 같은 간단한 회화 표현이었다. 한자를 알고 있으니 어느 정도는 통할 것이라 생각한 막연한 기대는 간체자로 표기된 한자들을 보면서 와장창 깨지게 되었다. 내가 알던 한자는 이게 아닌데……. 모양도 발음도 너무 달랐다. '한자≠중국어'라는 사실을 알게 되었다.

어쨌거나 나로선 처음 해외에 가 보는 것이었고, 우리나라와 비슷한 점도 다른 점도 있는 중국에서 중국어를 사용하고 간체자로 쓰인 메뉴와 간판을 읽어봄으로써 외국어 학습이 단순히 학습에서 그치지 않고 실제 생활에서 사용되는 경험을 할 수 있었다. 다음 해 대학교에서 참여하게 된 해외 유학생 멘토링 활동에서 중국인 멘티에게 학교 정보와 수강 신청 방법 등을 알려 주며 간단한 한국어와 중국어로 대화할 수 있었고, 그 과정에서 중국인이 사용하는 진짜 회화를 배울 기회가 있어 중국어에도 흥미와 관심을 가지게 되는 계기가 되었다.

대학교 2학년을 마치고 3학년이 되기 전, 교수님들과 함께 해외 한국학교에서 한국어와 한국 문화를 가르치는 단기 멘토링 활동에 참여할 기회가 생겼다. 앞서 해외 유학생 멘토링 활동에 성실하게 참여한 덕분에 얻은 기회였는데, 해외 방문 멘토링 활동의 장소는 베트남 호찌민시에 있는 '호찌민시 한국국제학교'였다. 중국에 이어 베트남 역시 생각지도 못했던 곳이었지만 늘 새로운 것에 도전하기를 좋아하는 나는 주저하지 않고 지원하여 좋은 경험을 하고 돌아오게 되었다.

가장 기억에 남는 추억은 그곳에서 공부하는 아이들에게 순우리말의 뜻을 알려 주고 함께 티셔츠 꾸미기 활동을 한 수업…… 이 아니라, 이동 중 갑자기 배가 아파 차를 세우고 인근 카페에 들어갔던 일이다. 주문도 안 하고 다짜고짜 화장실이 어디냐고 묻고 화장실에 들어가 급한 불을 껐는데, 문제는 화장실 안에 휴지가 없었던 것이다. 주머니에 있던 손바닥 크기의 베트남어 회화책을 휘

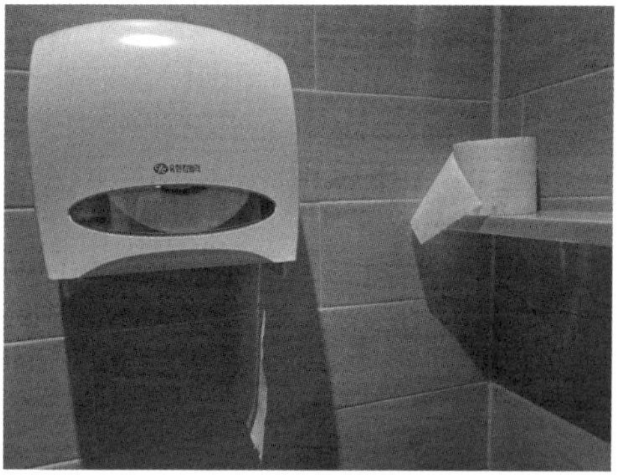

두루마리 휴지

리릭 넘겨 찾은 페이지에는 "쪼 또이 저이 베 신두루마리 휴지를 주세요, cho tôi giấy vệ sinh."이 있었다.

웬 외국인이 와서는 문 닫힌 화장실에서 "쪼 또이 저이 베 신!"을 외쳐대는 바람에 두루마리 휴지를 문 앞에 놓고 노크하고 간 직원. 먼 타국에서 인간의 존엄성을 지키게 해 준 것에 감사하는 마음으로 그 카페에서 가장 비싼 메뉴를 사 먹고 팁까지 내고 온 기억이 있다. 지금도 까먹지 않고 기억하는 그 문장에는 그런 웃픈 사연이 담겨 있다. 그 후, 베이징 여행을 함께했던 친구가 취업 후 베트남 호찌민시에서 일하게 되어 호찌민은 자주 방문하는 도시가 되었다. 이제는 다른 기억으로 대체하고 싶지만, 아직 호찌민시 공항에 내리면 항상 그 두루마리 휴지가 먼저 떠오른다.

다국적 학생들과 함께 내게 온 다국적 언어와 문화, 그리고 사람들

교육대학교를 졸업하고 처음 발령을 받은 곳은 인천의 산업단지 중 하나인 남동인더스파크와 가까운 곳에 위치한 초등학교였다. 어릴 때 다녔던 초등학교와 다른 점은 외국인 학생이 있었다는 것이다. 내가 어릴 때만 해도 우리나라에 이주 배경 학생이 지금처럼 많지 않았는데, 2010년대에도 그 학교에는 이주 배경 학생이 있었다. 이주 배경 학생이 몇 명 재학한다는 이유로 그 학교는 다문화교육 정책연구학교라는 사업을 운영하게 되었다. 대학교를 졸업하고 바로 대학원에 진학했던 내가 선택한 전공은 '한국어교육'이었다. 당시엔 논문을 쓰고 학위를 받기 전이었는데, 관련 대학원에 진학했다는 이유로 나는 이주 배경 학생을 위한 방과후 한국어교실을 운영하는 담당 교사가 되었다.

대학원에서 배우는 한국어교육의 이론과 학교에서 가르치는 한국어교육의 실제가 일치하는 것은 아니었지만, 낮에는 교사로서 가르치고 밤에는 대학원생으로 배우면서 많은 것을 생각하게 되는 시기였다. '한국어교육'과 '국어교육'은 가르치는 내용은 비슷할지 몰라도 그 학문적 배경이나 접근 방식이 다르다. 한국에서 나고 자라 모어가 한국어인 학생들을 대상으로 듣기와 말하기, 읽기, 쓰기, 문법, 문학, 매체 영역을 가르치는 국어교육과 달리, 한국어교육은 모어가 한국어가 아닌, 이주 배경을 학생 가운데 한국어 능력이 부족한 학생을 대상으로 하는 교육이다. 외국에서 태어나고 자라 한국으로 입국한 중도입국 학생이나 부모님 모두 외국인인 외국인 가정 자녀 학생 등을 대상으로 한다.

매주 저학년 이주 배경 학생들, 그리고 학생의 어머니들까지 함께하는 교실에서 한국어를 가르쳤던 것이 생각난다. 아이들의 이름을 한국어로 써 보고, 교실에 있는 사물의 이름을 가르쳤다. 너무도 당연하고 익숙해서 고민한 적 없었던 한국어의 받침 유무에 따른 조사의 형태 변화나, 발음 규칙의 예외 조항 같은 것을 설명하는 것은 무척 어려웠다. 그래도 작은 손으로 연필을 쥐고 열심히 공부하며 따라 말하는 아이들에게 도움이 되는 일을 하고 있다는 생각으로 수업 자료를 준비하고 대학원에서도 교수님께 질문을 하며 한국어교실을 운영했다. 이때의 경험은 나를 현재 근무하는 학교에서 한국어교육을 계속하도록 이끌었다.

내가 2024년까지 근무했던 인천 한누리학교는 재학생 전원이 한국어교육을 받기 위해 찾아오는 곳이었다. 이곳에서 근무하며 국내출생 이주 배경 학생, 중도입국 학생, 외국인 학생, 그리고 난민 학생도 만날 수 있었다. 나는 첫해 1학년 학생들과 지내는 담임교사로 일할 수 있었다. 1학년은 처음이었지만 이주 배경 학생을 만난 것이 처음은 아니었고, 먼저 근무하고 계셨던 선생님들의 도움을 받으며 서서히 학교에 적응할 수 있었다. 다행히도 큰 사고

없이 1년을 아름답게 마무리할 수 있었다.

3월 처음에는 학생 두 명과 함께 수업을 시작했다. 요르단에서 온 외국인 남학생과, 부모님의 국제결혼으로 필리핀에서 태어나고 자라 한국에 온 중도입국 여학생. 코로나19가 끝난 시점이 아니어서 우리 셋은 마스크를 쓰고 눈으로 대화하며 서로를 알아가기 시작했다. 얼마 지나지 않아 이집트 국적의 남학생이 오고, 또 다른 국적의 여학생과 남학생이 번갈아 오며 점점 교실에 책상이 가득 차게 되었다. 그래도 일반 학교에 비하면 학생 수가 적은 편이라 수월하다고 생각할 수 있는데, 문제는 이 학생들의 국적과 언어가 제각기 다르다는 것이었다.

가정통신문을 나누어 주며 내용을 설명하고 이해했는지 확인하는 데만 정말 한 시간이 걸렸다. 전달할 내용을 번역 앱에 입력하고 바꿔서 특정 언어로 설명할 동안 다른 언어권의 학생들이 자기 차례를 기다리며 활동할 수 있도록, 큰 소리가 안 나면서 열중할 수 있는 클레이나 레고 등 교구들을 잔뜩 준비하는 것은 먼저 이 학교에 오신 선생님들께 배운 생활 팁이다. 이러한 교구들은 단순한 시간 때우기가 아닌 한국어 교육을 할 때도 유용하게 사용된다. 학생들에게 친숙한 소재로 물체를 만들거나 한글을 쓸 수 있기 때문이다. 지웠다 썼다 할 수 있는 보드판도 유용하게 사용된다. 일단, 아이들은 손에 무언가를 쥐여 주면 자신을 표현하려고 한다. 자신의 이름을 한국식으로 발음한 글자부터, 태어났거나 한국에 오기 전 살았던 나라 이름과 국기 같은 것을 표현하는 것을 보며 다함께 세계시민교육을 했던 것이 생각난다. 유창하고 능숙하게 말은 하지 못해도, 자신이 본 것, 들은 것, 느낀 것을 그림과 여러 가지 언어, 그리고 삐뚤빼뚤한 한국어로 표현하고자 하는 모습을 보면 기특하고 대단하게 느껴진다. 나중에 자신이 얼마나 악필이었는지 보고 웃는 날이 금방 올 것이라 믿는다.

2학기가 되고 새로 위탁교육 신청을 하는 학생들이 크게 늘었다. 한국과 달리, 외국은 9월에 학기가 시작하는 경우가 많은데, 그래서 2학기에 학교에 처음 입학하는 외국 국적 학생들이 많은 것이다. 학교 시스템상 정말 한국어를 처음 접하거나 기본적인 의사소통이 어려운 학생들이 찾아와 마치 인큐베이터에서 산소를 공급하듯 긴급하게 한국어 몰입교육을 진행하고, 이제야 입이 좀 트였다 싶은 아이들은 위탁교육을 종료하게 된다. 1학기에 왔던 학생들이 7월 여름방학 겸 수료식을 마치고 원적 학교로 돌아가고, 2학기에 또 새로운 학생들이 오면서 학급 구성원이 크게 바뀌게 되었다. 무엇보다 한 학기라도 학교를 다녀 본 학생과, 그렇지 않고 새로 입학한 학생들이 섞여서 다시 학기 초가 되어 버린 상황에 눈앞이 캄캄했다. 내가 이 아이들에게 한 학기 동안 어떻게 학교 규칙을 숙지시키고, 말하지 않아도 서로 의미가 통하게끔 생활지도를 했는데……. 하지만 또 한국에 찾아와 도움을 필요로 하는 아이들에게 필요한 일을 한다고 생각하면 막중한 사명감을 느끼게 된다.

한국의 많은 보호자는 어린 자녀의 학교생활 적응을 위해 가방과 준비물을 챙겨 주고 가정통신문을 꼼꼼하게 읽어 보며 숙제를 도와주기도 한다. 그렇지만 많은 이주 배경 가정의 학생들은 이 모든 것을 혼자 힘으로 해내야 한다. 보호자는 한국에 일을 하러 오는 경우가 대부분이어서 아이와 관련된 그 외 생활 전반에 대한 책임은 학교에 일임하는 경우가 많다. 가정통신문을 받아도 읽을 수 없기 때문에 버리거나 방치한다. 이런 보호자와 소통하기 위해 교사는 끊임없이 연락을 시도하지만, 연결이 잘 되지도 않을 뿐더러 소통 과정에 오해가 생기기도 한다. 당연하고 쉬운 것은 하나도 없기 때문에, 학생이 이해할 수 있는 표현으로 쉽게 설명해서 그들이 해내도록 지도할 수밖에 없다. 그 과정에서 저학년 학생들과 소통하는 방법을 배울 수 있었다.

말이 통하지 않더라도, 아이들은 저마다의 방식으로 의미를 교환하고 함께 어울려 놀 수 있다. 손가락과 표정, 말투와 행동을 보면 그 친구의 기분이 어떤지 짐작할 수 있다. 분명 모어로 이야기하는데, 그 뜻을 알아듣고 같이 웃거나 미안하다고 사과하는 등 저마다의 방식으로 의사소통을 하고 있다. 또, 신기한 것은 '가위, 바위, 보'를 말할 때는 한국어로 한다는 것이다. 놀이나 생활 속에서 접하는 한국어는 자주 사용하는 만큼, 책으로 배우는 것보다 훨씬 아이들의 기억에 오래 남는 것 같다. 지금도 눈을 감으면 떠오르는 가장 인상 깊은 장면은, 생일을 맞이한 친구를 가운데에 두고 빙글빙글 돌며 여러 나라의 언어로 생일 축하 노래를 불러주던 모습이다. 대체 누가, 언제 어디서, 그렇게 여러 언어로 생일 축하를 받아볼 수 있겠는가?

다국어로 불러주는 생일 축하 노래

아이들에게는 미디어의 힘도 크게 작용한다. 넷플릭스Netflix에서 방영한 한국 드라마 《오징어 게임》은 여러 언어로 더빙되어 많은 세계인이 시청하였는데, 19세 미만 관람불가인 그 드라마를 어쩐 일인지 9세 미만인 1학년 아이들 대부분이 알고 있었다. 나중에 알고 보니 유튜브Youtube나 틱톡Tiktok을 통해 접한 경우가 많았다. 아이들은 내가 가르쳐 주지도 않은 '무궁화꽃이 피었습니다' 놀이를 쉬는 시간마다 신나게 했다. 내가 어릴 적 하던 그 놀이는 분명 술래가 뒤를 돌았을 때 움직이다가 걸린 사람이 술래 쪽으로 와서 손가락을 걸고 다른 친구들을 기다리는 방식이었는데, 어쩐 일인지 술래가 뒤를 돌아 손가락으로 총을 쏘는 시늉을 하고 맞은 친구들은 쓰러지는 놀이로 바뀌어 있었다. 그리고 '무궁화꽃'은 어느새 '고구마꽃'이 되어 있었다. 무궁화와 고구마 발음이 비슷하다는 것도 아이들 덕분에 새로 알게 되었다.(찾아 보니 심지어 꽃도 조금 비슷하게 생겼다!) '무궁화꽃이 피었습니다'는 원래 그런 잔인한 놀이가 아니고, 친구들과 서로 함께 잡힌 친구를 풀어 주는 놀이라고 설명하고 '무궁화'의 발음을 열심히 가르쳤지만, 복도에서는 여전히 "고구마! 꽃이! 피었습니다!", "으악!" 하며 쓰러지는 소리가 울려 퍼지고 있다.

무궁화꽃과 닮은 고구마꽃

어느 날은 급식 메뉴에 '케밥'이 나왔다. 튀르키예 여행 경험도 있고, 케밥은 한국인에게도 익숙한 음식이기에 학생들에게 케밥을 먹어 보라고 이야기했다가 졸지에 선생님인 내가 음식 이름을 잘못 아는 사람이 되고 말았다. 아랍어권 학생들이 그것은 케밥이 아닌 '샤와르마شاوِرْمَا'라고 했고, 러시아어권 학생들도 '샤와르마шаурма'라고 하는 것이었다.

음식 이름 관련 사례가 몇 가지 더 있는데, 대표적인 것이 '파인애플'이다. 우리는 솔방울처럼 생기고 안에 노란 과육이 든 그 과일을 '파인애플'이라 부르고, 일본도 비슷하게 '파이낫푸루パイナップル', 영어권도 '파인애플pineapple'이라 부르는데, 생각보다 많은 나라에서 파인애플을 '아나나스ananas'라고 부른다는 사실을 새로 알게 되었다. 독일어도, 프랑스어도, 러시아어도, 아랍어도, 벵골어도 다 '아나나스' 또는 그와 비슷한 발음으로 그 과일을 가리킨다. 이것은 내게 신선한 충격이었는데, 음식의 이름을 소재로 한국어와 다국어교육을 할 수 있겠다는 가능성을 본 사례였다.

케밥과 샤와르마, 파인애플과 아나나스

한국어 수업에서 마을에 있는 서점, 약국, 문구점, 편의점 등을 설명하며 자신이 자주 가는 상점에는 무엇이 있는지 발표해 보는 시간이 있었다. 러시아에서 온 미하일은 자신이 '부르게르킹'에 자주 간다고 말했다. 나는 부르게르킹이 대체 어디인지 몰라 적절한 반응을 해 주지 못하고 있었다. 인터넷 지도에 검색해도 나오지 않는 이곳에 대한 힌트는 다른 사람이 올린 블로그에서 찾을 수 있었는데, 바로 햄버거 체인 브랜드 '버거킹Burger King'이었다. 나도 부르게르킹 좋아한다고, 햄버거를 자주 먹는다고 이야기하며 미하일과 공통분모를 형성할 수 있었다. 그전까지 팔짱을 끼고 삐딱하게 앉은 채 소통을 거부하는 자세로 수업에 참여하던 미하일은, 부르게르킹 사건 이후로 호의적인 태도로 수업을 경청하는 모습을 보여 주었다. 추측하건대, 그동안 자기 생각을 나눌 사람을 찾지 못했던 아이가 비로소 자기 말을 들어주는 사람을 찾았기 때문이 아니었을까 싶다.

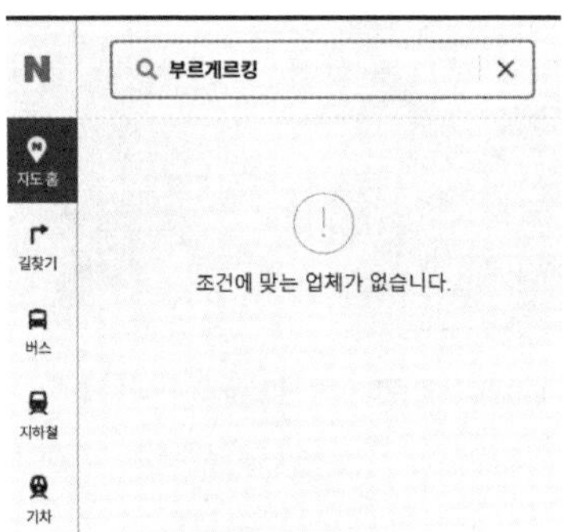

'부르게르킹'? '버거킹'!

특수한 환경에서 근무하는 덕분에, 학교 선생님들과 함께 작년에는 아랍어, 올해는 러시아어를 공부할 수 있었다. 문자 체계를 외우는 것부터 난관이었는데, 아랍어의 문자인 '알아브자디야 알아라비야 الأبجديّة العربيّة'는 28자의 자음 문자에 모음을 나타내는 기호들을 덧붙이는 식으로 적는다. 그러나 대부분의 표기에서 이 모음 기호는 생략되고, 단어를 이미 알고 있는 아랍어 구사자들은 자음들의 나열로 그것을 발음할 수 있다. 마치 한국어 초성 퀴즈를 하는 기분이었다. 심지어 기껏 자음 문자를 외웠더니, 그 문자가 단어의 처음, 중간, 끝에 올 때마다 각각 형태가 바뀌어서 28×3개의 글자를 외워야 하는 느낌이었다! 내가 이것을 아랍어권 학생 알리에게 불만처럼 이야기했더니, 알리는 눈을 크게 뜨며 한국어도 똑같다고 말했다. 그럴 리가? 나는 학생이 칠판에 한글을 쓴 것을 보고 그제서야 무슨 뜻인지 이해할 수 있었다.

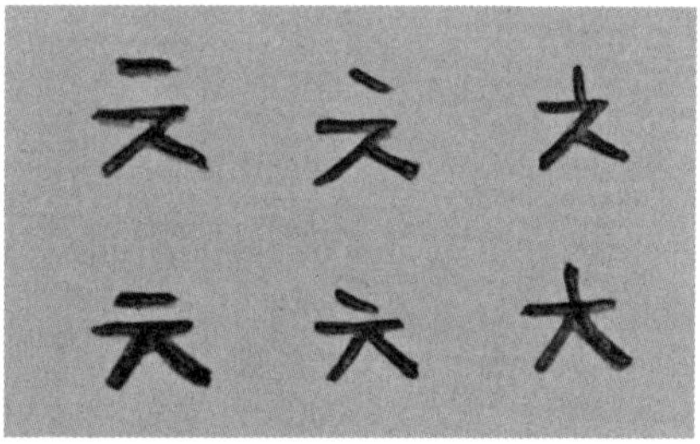

다른 글자? 같은 글자!

한글 자음 'ㄱ'의 모양만 봐도, 모음이 '가, 거'와 같이 오른쪽에

올 때와 '고, 구'와 같이 아래에 올 때의 모양이 달라진다. '가'에서는 'ㄱ'의 획이 왼쪽 대각선으로 꺾이고, '고'는 그렇지 않은 글꼴이 많다는 것을 알 수 있다. 'ㅊ'과 'ㅎ'은 위의 첫 획을 가로로 쓰는 사람이 있고, 세로로 쓰는 사람도 있다. 점이 찍힌 위치로 글자를 구분하는 아랍어권 학생에게 이것은 매우 큰 혼란을 준다. 엄연히 다른 소릿값을 가지는 글자라고 생각하게 되는 것이다. 한글은 모양이 뚜렷하게 구분되어 배우기 쉬운 글자라고 생각했던 나의 인식을 바꿔준 나의 인식을 바꿔준 계기가 되었다.

학생이 칠판에 쓴 아랍어를 더듬더듬 읽으면, 깔깔거리며 웃은 후 제대로 된 발음을 들려 준 덕분에 아랍어 단어 몇 개와 문장은 익힐 수 있었다. 오른쪽에서 왼쪽으로 쓰는 문자 체계에 익숙한 아랍어권 학생들은 한국어를 쓸 때 왼쪽에서 오른쪽으로 쓰는 것에서부터 어려움을 느낀다는 것도 이해할 수 있게 되었다. 내가 아랍어를 한국어처럼 왼쪽에서 오른쪽으로 엉성하게 그리는 것을

캘리그라피가 발달한 아랍어

보고 자말과 라비가 지었던 표정이 생각난다. '선생님도 배워 보니 얼마나 힘든지 알겠지요?' 이런 표정이었달까. 아랍어는 우리 눈으로 보기에 정말 그림처럼 보이는데, 그래서인지 아랍어는 화려한 문양의 캘리그래피가 엄청나게 발달했다고 한다.

러시아어를 배우기 시작할 때는 적어도 아랍어보다는 쉬울 것이라 생각했다. 적어도 알파벳과 비슷하게 생긴 '알파비트Алфавит'를 읽을 수는 있을 테니까. 그러나 그것은 오판이었다. 오히려 똑같이 생긴 글자가 다른 소리를 내니 더 어렵고 헷갈렸다. 'B'는 영어로는 [b] 소리를 내지만 러시아어에서는 [v] 소리로 발음한다. 'H'는 영어에서 [h]이지만 러시아어에서 [n]이고 이름도 '엔'이다. 'P'는 '피'가 아니고 '에르'이고, 'C'는 '씨'가 아니고 '에스'이다. 그래서 'Россия'는 '포치아'가 아닌 '로시야'가 되는 것이다. 남성/여성/중성으로 나누는 명사와 주격, 생격, 여격을 포함한 여섯 개의 격어미는 러시아어가 결코 쉬운 언어가 아님을 느끼게 해준다. 그렇지만 짧게나마 배운 러시아어로 러시아어권 학생 노라의 이름을 써 주었을 때 노라가 기뻐하던 표정을 잊을 수 없다. 언어는 다르지만 러시아어와 같은 키릴 문자를 사용하는 몽골어 역시 읽을 수 있게 되었다. 하나의 문자 체계가 여러 언어를 만나게 해 주는 것이다. 우리는 언어를 통해 문화를 배우고, 더 나아가 사람을 얻을 수 있다.

나가며

예전에 한 카페에서 주문을 못 하고 난감한 표정으로 서 계신 어르신을 도와 드린 적이 있다. 키오스크로만 주문을 받는 시간대이기도 했고, 바쁘게 일하는 직원 그 누구도 주문을 도와 드릴 수 없는 상황이었다. 손으로 어떤 곳을 눌러야 식사 메뉴가 나오는지, 어떤 곳을 눌러야 음료를 주문할 수 있는지 한글로 써 있어도 어려운 판에 하필 메뉴 표기가 영어로만 되어 있었다. 'HOT'이나 'COLD'라는 영어 단어는 초등학교에서도 배우는 쉬운 단어라지만, 교육의 기회가 없었던 분들께도 그렇게 말할 수 있는 것일까?

갑자기 한국에서 생활해야 하는 외국인 학생들이 비슷한 상황에 처해 있다고 생각한다. 영문도 모른 채 하면 안 되는 것들만 잔뜩 있고, 대체 뭘 하면 안 되는지 명확하게 이해하지 못한 상황에서 비슷한 잘못을 반복하면 자신이 무얼 잘못했는지도 모른 채 무서운 표정과 목소리를 마주해야 한다. 불과 일주일 전만 해도 본국에서 우수한 학생으로 칭찬받으며 지냈었는데, 처음 들어본 나라인 한국에 와서 편견과 차별, 무시와 마주해야 하는 것이다.

우리 반 아이들은 서로 자기 나라 언어가 더 배우기 쉽다고 주장하지만, 공통적으로 인정하는 것은 '한글은 배우기 쉽다는 것'이다.

"한글 쉬워요, 근데 한국어 많이 많이 어려워요."

나도 그 의견에 공감하는 바다. 태어날 때부터 주변 환경에서 모두 한국어를 사용하고, 한글로 된 책을 읽으며 자란 한국인에게 너무 당연한 한국어의 문법 체계도 외국인들에게는 어려운 경우가 많다. 숱하게 나오는 예외 사항은 물론이고, 글자와 소리가 일치하지 않는 경우가 많아 한국어 원어 화자처럼 말하려면 정말 많은 시간과 노력이 필요하다.

그렇지만 내가 만나는 학생들은 그 어려운 것을 해내기 위해 부단히 노력하고 있다. 그들이 더듬더듬 천천히, 다소 틀린 발음으로 말하더라도 무엇을 의미하는지 알아차리고 적절한 반응을 해 줄 필요가 있다. 그러면서 개인의 언어 능력은 발달하는 것이니까. 처음부터 모두 다 잘할 수는 없다. 아이들은 저마다의 속도로 언어를 습득하고 소화시키면서 천천히 성장하다가, 어느 순간 갑자기 말문이 트이기도 한다. 이제 막 입을 열어 어마, 압바, 까까를 말하는 아기에게 주변 사람들은 호들갑을 떨며 더 말해 보라고, 박수를 치고 칭찬을 한다. 반면 한국어를 배운 지 1년이 채 되지 않은 이주 배경 학생들에게까지 우리 사회와 교실에서 너무나도 정확하고 유창한 한국어 구사를 요구하는 것은 아닌가 되돌아보게 한다.

한국어로 말하지 못해도, 교실의 분위기나 구성원의 표정, 말투, 자신을 대하는 태도에서 자신이 환영받고 있는지 그렇지 않은지는 알아차릴 수 있다. 우리가 외국에 나갔을 때 그들의 언어를 알아듣지 못하더라도 '내가 지금 인종차별을 겪고 있구나' 하는 것은 감으로 느낄 수 있는 것과 마찬가지이다. 외국에서 왔으니 배려한다고 발표를 시키지 않거나, 모둠활동이나 놀이에서 소위 '깍두기' 취급을 하는 것은 학생들의 마음을 병들게 한다. 한국어학급과 위탁학교에서 친구들과 재잘재잘 떠들며 짧은 한국어로, 그렇지만 큰 목소리로 의사소통하던 학생들이 일반 학교로 돌아가 귀를 닫고, 입을 닫고, 끝내 마음을 닫는 모습을 보며 안타까운 마음이 들 때도 있다.

하지만 그래도 먼저 왔던 학생들이 수료하고 학교를 떠나면서 연필을 꾹꾹 눌러서 삐뚤빼뚤한 한국어로 써 준 편지를 열어 볼 때, 한창 시끌벅적할 때 찍어 둔, 표정이 살아 있는 아이들의 사진을 볼 때, 가끔 보호자를 통해 연락을 주거나 현재 다니는 학교 선생님을 통해 근황을 들을 때면 그래도 잘 지내고 있구나, 앞으로 힘겨운 투쟁을 이어 가겠지만 이곳에서 우리가 함께한 시간이 너에게 위안이 되고 앞으로 나아가는 원동력이 되어 주겠구나, 생각하며 몸과 마음 모두 건강하길 기원하게 된다. 나 역시 앞으로 이 길을 계속 걸어가며 무수히 많은 국가의 학생들을 만나겠지만, 온갖 언어로 나에게 사랑을 속삭이고 가르쳐 준 아이들, 아니, 나의 작은 다중언어 선생님들의 모습을 끝까지 기억할 것이라 확신한다.

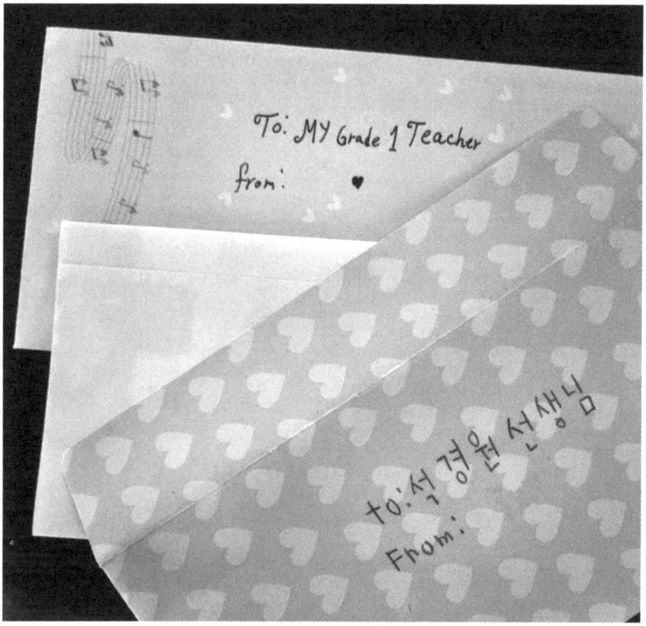

석경원 이주 배경 학생을 포함한 모두의 성장을 지원하는 개별 맞춤형 학습에 깊은 관심을 가지고, 초등학교 현장에서 실천적 연구를 이어가는 교육 전문가이다. 여행을 통해 낯선 환경에서 또다른 자신을 발견하기 위해 노력하고, 사람들과 어울리며 새로운 것을 배우고 활용하는 것을 좋아한다.

6

중국과 나

박이랑 서울 한울중학교

언어를 바라보는 시선에 '사람'이 있고,
그 시선이 언제나 '낮은 곳'을 향하고
있기 때문에 다중언어교육에 관심이
간다.

"영어로 말을 하면 태도가 달라져!"

내가 중국에서 한국어 강사로 일하고 있을 때 알게 된 한국인 친구 민서가 한 말이다. 민서는 중국에서 대학교를 졸업했다. 사교적인 성격의 친구라 유학하는 동안 중국 친구들과 교류가 많았고 그래서인지 중국어 실력이 좋았다. 하지만 그 친구는 관공서에서 서류를 발급받을 때나 뭔가 불편한 일이 생겨 민원을 제기할 때는 최대한 중국어가 아닌 영어를 사용한다고 했다.

중국어로 말을 할 때와 영어로 말을 할 때, 자신을 대하는 서비스 제공자의 눈빛과 태도가 다르다고 했다. 방금 전에도 중국어로 이야기할 때는 들은 척도 안 하다가 자기가 영어로 이야기하니깐 바로 해결해 줬다면서 살짝 흥분한 상태로 영어와 함께하는 슬기로운 중국 생활 노하우를 알려 주었다. 옆에서 그걸 직접 목격한 나는 집에 돌아가자마자 영어책을 다시 꺼내야겠다고 생각했다.

중국은 한국만큼, 어쩌면 한국보다 더 영어에 대한 열망이 강한 것 같다. 작년에 《겨우, 서른三十而已》이라는 중국 드라마를 보았는데 그 드라마에서 묘사한 중국의 교육열, 특히 자녀를 영어 유치원에 보내기 위해 분투하는 학부모의 모습에서 높은 영어 실력이 부와 특권의 상징으로 자리 잡은 중국의 현실을 볼 수 있었다. 그 드라마를 보면서 민서가 생각이 났고 그때의 나의 깨달음이 생각이 났다.

'중국어가 급한 게 아니다. 중국에서 잘 살아 내려면 영어를 해야 한다.'

중국과 나

대학에서 수학교육을 전공한 나는 스물일곱에 다시 중국어를 배우겠다며 중국으로 가는 비행기를 탔다. 중국에 한국어 강사를 양성하는 교육기관이 있었고 거기서 낮에는 중국어 수업, 오후에는 한국어 강사 자격증을 취득할 수 있는 연수과정 수업을 들었다. 반년 뒤에 난 중국의 모 대학 한국어과에 강사로 취직했다. 그리고 2년 동안 중국 대학생들에게 한국어를 가르쳤다. 그 대학에서 나는 연예인의 삶을 경험했다. 내가 지나가면 학생들이 폰을 꺼내서 사진을 찍어댔다. 중국에서 찍은 사진들이 담긴 외장하드가 망가져서 그때 사진이 하나도 없는데 그때 나의 사진이 중국 어딘가에, 누군가의 핸드폰에 아직도 저장되어 있다면 좀 보내 주셨으면 좋겠다.

중국 학생들은 내가 화장품은 뭘 쓰는지 궁금해했고 역시 한국인은 예쁘다고 했다. 한국어과 주임 교수님은 화장법 강좌를 열어 달라고 하셨다. 한국 드라마와 K-POP의 후광으로 빛이 나는 나는 그렇게 많이 당황스러운 2년을 보냈다.

그런데 내가 그 학교를 그만두고 상하이에 있는 대학원에 진학하려는 무렵 한국어과 주임 교수님으로부터 한국어과가 사라지게 될 위기에 처했다는 이야기를 전해 들었다. 중국에서 한국어의 인기가 예전처럼 높지 않고 한국어보다 영어를 선택하려는 학생이 많아 고등학교에 방문해서 열심히 한국어과를 홍보하고 있지만 신입생 모집이 점점 어려워진다고 했다. 몇 년 못 가 한국어과가 없어질 것 같다고 한탄을 했는데 중국에서 한국을 동경하는 분위기는 그렇게 급격하게 수그러들고 있었다.

한국에서 평범한 시민으로 살 때, 한국의 세계 속 위상은 나에게 그다지 큰 이슈가 아니었다. 하지만 중국에서 사는 나에게 한국의 위상은 곧 나의 위상이었다. 다행히도 나는 중국에서 한국의 위상이 다소 높았을 때 한국어 강사로 일을 한 것 같다. 만약 한국의 위상이 낮아진 뒤에도 계속 한국어 강사를 했다면 생계의 위협까지 느꼈을지도 모른다. 그런 아찔한 상상만으로도 한국이 제발 승승장구했으면 좋겠다는 바람이 절로 생긴다. 이방인으로 사는 이 방에서는.

중국어와 나

중국에서 한국어 강사를 하려면 중국어 실력도 필요해서인지 한국어 강사 양성 과정에는 낮에 중국어 수업이 있었다. 수업 전에 분반 고사를 보았는데 분반 고사에는 말하기, 듣기 시험은 없고 읽기, 쓰기 시험만 있었다. 그래서 나는 고득점을 받아 버렸고 고급반에 배정받았다. 자기소개도 제대로 못하고 중국인의 말을 귀로 듣고 이해하는 것이 아니라 사용할 수 있는 모든 감각과 정황 등을 모두 동원하여 추측하여 이해하는 내가 고급반에 배정받았다.

고급반에서 수업을 듣는 것은 쉬운 일이 아니었다. 그래도 반을 조정해 달라고 이야기하지는 않았다. 그냥 버텼다. 어차피 언젠간 내가 도달해야 하는 단계였고 나이도 무려 스물일곱이나 되었으니 마음이 급했다. 그 당시에는 중국어를 잘하는 사람들 속에서 매시간 도전을 받으면서 공부하는 것도 의미 있고 빨리 실력을 쌓으려면 견뎌야 하는 당연한 시간이라고 생각했다.

그런데 지금 생각해 보면 그 인고의 시간은 하나의 언어를 얻기 위한 시간이 아니라 잃어가고 있는 시간이었다. 내 수준에 맞는 반에 들어갔다면 더디게 성장을 했을지라도 고만고만한 사람들 사이에서 서로 격려하며 위로받으며 조금은 따뜻하게 성장했을 것이다. 그런데 난 수업을 듣는 내내 맨 밑바닥에서 산꼭대기에 있는 것 같은 사람들을 우러러보면서 바보처럼 있었다. '나는 중국어를 못한다', '나만 중국어를 못한다'라는 생각만 가득했다.

그 간격이 많이 줄어든 지금도 그렇게 자리 잡은 부정적인 생각이 쉽게 바뀌지 않았다. 그래서 지금은 후회한다. 내가 그토록 좋아했던 중국어를 영어처럼 만들어 버린 시간이었다. 내가 초등학교를 다닐 때는 영어 수업이 없었는데, 그럼에도 불구하고 많은 친구들이 초등학교 때부터 영어 공부를 했었다. 나는 중학교에 입학한 후에야 영어를 접하게 됐고 '나만 영어를 못 한다.'는 생각은 오래오래 지속되어 오늘까지 이르게 된다. 그런데 중국어도 영어의 길을 걷게 되었다.

얼마 전 어떤 프로그램에서 한 여자 연예인이 비키니를 입고 바다로 뛰어들면서 외친 말이 갑자기 생각난다.

"비키니는 기세다!"

정말 멋있었다. 진심으로 멋있었다. '좋아요'가 넘치는 인플루언서들의 비키니 사진이 무색해지는 순간이었다. 언어도 바로 '기세'인데 나는 중국에서 그 '기세'를 잃었다.

언어교육을 할 때 유창성과 정확성을 넘어 이 '기세'를 가르칠 필요가 있는 것 같다. 주눅 들지 않는 태도. 중국어가 뭐라고 나의 자존감이 떨어져야 하는 걸까? 평소 한국인 '나'는 한국인 '너'의 중국어 발음과 어법을 깐깐하게 파헤쳤다. 나는 언어를 그렇게 배웠으니까. 언어를 사용하고 평가하고 점수 매기면서. 그런 식으로 한국인 '나'의 언어도 꼼꼼하게 파헤쳤다. 이 부분은 이렇게 해서 틀렸고 저 부분은 저렇게 해서 틀렸다고.

나는 점점 중국어에 대한 자신감을 잃어 갔다. 밖에 나가서 물건을 살 때 내가 한 말을 가게 주인이 못 알아듣거나 집에 돌아와 생각해 보니 이상한 말을 했다 싶으면 스트레스를 받아서, 한국에서는 먹지도 않던 라면을 동시에 서너 개씩 끓여 먹고 과자도 먹고 빵도 먹고 배가 불러도 계속 먹었다. 밀가루를 너무 많이 먹어서 장이 아팠고 얼굴엔 화농성 여드름이 가득했다. 지금도 그래서인지 밀가루가 들어간 음식을 먹으면 얼굴에 뾰루지가 난다.

어느 날은 배가 부른데도 계속 먹는 내가 너무 한심하게 느껴져 펑펑 울었다. 그렇게 우울증이 심했다. 중국에서 나는 중국어와 멀어졌고 중국어를 놓기로 한다.

한국에 다시 돌아온 나

스물 일곱, 한국에서의 생활을 내려놓고 중국으로 떠날 때는 중국에서 중국어를 배우면서 행복하게 살고자 했는데 중국에서 살 수가 없었다. 그래서 다시 한국에서 살 궁리를 했다. 외무영사라는 직업이 눈에 들어왔다. 외무영사는 7급 공무원이었는데 시험 선택 과목인 외국어 중에 중국어도 있었다. 외무영사가 되어 중국에 있는 한국 대사관에서 일하면 좋을 것 같았다. 중국 생활도 하고 중국어도 사용하는데 공무원이라 또 안정적이었다. 딱 좋았다. 그렇게 한국어 강사가 되기 위한 연수 기간 6개월, 한국어 강사 2년, 상하이에서 대학원 2년, 총 4년 반 정도를 중국에서 지냈을 때 외무영사가 되기 위한 공무원 시험을 준비하러 다시 한국으로 돌아왔다. 공무원 준비에 올인하는 게 불안했던 나는 교육청 사이트에서 수학 강사, 기간제 교사 자리를 알아봤고 그러던 중에 이중언어 강사 모집 공고를 보게 되었다.

내가 귀국한 것은 2015년 8월 말이었는데 9월부터 시작하는 이중언어교육 사업이 준비되고 있었다. 나는 원서를 냈고 바로 서울 한 초등학교에 이중언어 강사로 채용됐다. 처음이라 담당교사도 어떻게 운영을 해야 할지 모르는 사업의 시작에 내가 놓였다. 일단은 중국에서 온 한국어가 서툰 학생들을 가르쳤다. 따로 한국어 교실에서 한국어를 가르치기도 했고 교실 수업에 협력 강사로 들어가 수업을 잘 들을 수 있도록 도와주기도 했다.

이중언어 강사는 1년마다 재계약을 위해 원서를 접수해야 했는데 이력서를 새롭게 작성하면서 자기소개서를 쓰다 보니 내가 걸어온 길이 이중언어교육을 향하고 있었다. 수학교육을 전공했고 중국어를 공부했다는 두 경력의 조합이 다문화예비학교에 딱 맞았다. 외무영사가 되는 것도 멋지지만 이중언어 강사로 살게 되면 내가 살아온 모든 길을 다 잃지 않을 수 있었다.

대학 원서를 낼 때는 수능 점수에 맞춰 수학교육과에 지원했

인수가 하나뿐인 수 只有1个因数的数	1과 자기 자신만을 인수로 갖는 수 只有1和他本身两个因数的数	두 개 이상의 인수를 갖는 수 有两个以上因数的数

문제 다음 ( )안에 알맞은 것을 써넣어라.

소수입니다. 합성수입니다. 소수도 합성수도 아닙니다.

(1) 1은 ( )
(2) 2는 ( )
(3) 3은 ( )
(4) 7은 ( )
(5) 10은 ( )

단어 정리

자연수	自然数
홀수	奇数(自然数中, 不是2的倍数的数叫做奇数。)
짝수	偶数(自然数中, 是2的倍数的数叫做偶数。)
나누어 떨어지다.	整除
약수	约数(=因数)
소수	质数
합성수	合数

중1 수학 교재 중 일부 발췌

다. 그리고 이십 대를 방황하면서 보냈다. 나는 내가 특별한 삶을 살 줄 알았는데, 내 삶은 너무나 평범했고 재미가 없었다. 그런데 이런 고민들이 나를 평범하게도 살 수 없게 만들었다. 인생의 암흑기였다. 꽃다운 시절을 생각 없이 택한 전공과 진로에 대한 고민으로 낭비했다고 생각했다. 이중언어 강사는 그렇게 후회했던 시간을 감사로 바꿔주는 길이었다.

같은 초등학교에서 2년 간 일을 하고 3년째 되는 해 근처 중학교에 이중언어 강사로 지원했다. 그리고 그 해부터 중학교에서 일을 하게 되었다. 내가 수학교육을 전공한 것이 중학교에서는 더 큰 자원이 되었다. 중학교에서는 교재도 새롭게 만들었다. 한국어 교재도 만들었지만 수학·과학 이중 언어 교재를 만들었다.

중도 입국 학생들은 한국 학교의 교과 내용을 배워야 해서 한국어 교실에서 기본적인 의사소통을 배우는 것만으로는 부족했다. 이미 중국에서 배운 내용을 한국어로 어떻게 말하는지 배워서 연결시키고, 새로 배우는 내용은 중국어로 빨리 학습하고 한국어로 연결하는 게 효과적이라고 생각했다.

중국 온라인 쇼핑몰을 통해 중국 수학·과학 교과서를 거금을 들여 구입한 후 한국에서 배우는 내용을 중국에서 어떻게 표현하는지 찾아 연구하면서 이중언어로 된 교재를 만들었다. 자체 제작한 교재로 수업을 했고 보람 있었다.

나는 수업 시간에 중국어를 사용했는데 쉬는 시간에도 학생들이 나한테 와서 중국어로 말을 했다. 내가 한국어로 대답을 해도 학생들은 중국어가 편하니까 중국어로 말을 했다. 학생과 나의 대화는 그랬다. 중국어와 한국어가 섞인 대화였다.

어느 날은 한국어 교실인데 중국어만 사용해서 한국어가 늘지 않는다고 민원이 들어왔다. 그래서 담당 선생님이 표를 만들었다. 학생들이 중국어를 쓸 때마다 체크를 해서 주면 벌점을 주겠다고 하셨다.

학생들이 하고 싶은 말을 중국어로 말하면 내가 그걸 한국어로 바꾸어서 말해 주고 배우는 과정도 좋은 것 같은데, 그렇게 중국어만 사용하는 것을 줄여가는 과정도 필요한 것 같은데 중국어를 사용하지 않아야 했다. 중국을 잊어야 한국을 얻을 수 있는 것인지 의문이었다.

오히려 난 학생들에게 중국어를 제대로 가르쳐 줘야 한다는 생각도 들었다. 중국어가 모어인데 말하기, 듣기는 문제가 없어 보여도 쓰기는 제대로 못 하고 문법 실력도 부족했다. 나의 짧은 지식으로도 그런 게 보였다. 중국어 말하기도 금하는 상황에 중국어를 가르쳐야 한다는 건 씨도 안 먹힐 이야기이긴 했다.

어쨌든 이런 시간들을 거치면서 중도입국 학생을 대상으로 하는 한국어 교육, 교과 교육의 교육 내용, 교육 과정 등을 기획하고 추진할 수 있는 전문가가 되고 싶어졌다. 경험 중에 꿈꾸게 된 교육을 실행에 옮길 수 있는 자격을 갖추고 싶어졌다. 담당자가 되고 싶었다. 그랬다. 그런 야망을 갖고 임용고시를 봤고 신규 발령을 받았다.

다중언어교육과 나

임용고시에 합격하고 다문화교육과 관련된 연수가 보이면 바로 사명감을 갖고 신청을 했다. 다문화 키워드가 들어간 공동체면 기웃거렸다. 지금은 자퇴를 한 상태지만 심지어 서울 모 대학에 있는 다문화 관련 박사과정에도 입학했다. 다문화 전문가가 꿈이라며 떠벌리며 다녔다. 참 가벼운 사람이었다. 나는 현장 경험도 있고 관심도 많으니 박사과정만 이수하면 뭔지는 잘 모르겠지만 큰 일을 해낼 수 있으리라 생각했다. 참 가벼운 생각이었다.

다중언어교사 실행공동체도 그렇게 들어왔다. 이미 들어가 있었던 교사 공동체 단체 채팅방에서 모집 글을 보았고 바로 신청을 했다. 다문화 꿈나무이기도 했고 나의 빛나는 이중언어 강사 경력과 연관이 있어 보이는 다중언어교사 공동체가 매력적으로 보였다. 교수님이 주는 자료를 읽으면서 다중언어가 이중언어의 단순한 확대판이 아니라는 것을 알게 되었지만 말이다.

공동체 모임에서 배우는 내용들은 흥미로웠고 한층 더 지적으로 성장하는 느낌이 좋았다. 특히 교수님의 수업 구성과 내용이 알

차서 교수법을 배우는 데도 도움이 되었다. 내용도 방법도 내게 의미가 있었다.

다중언어교육에 대한 자료를 읽고, 수업을 듣고, 스스로 생각을 하면서 어떻게 이 내용을 현장에 접목시킬 수 있을까를 고민해 보았다. 흥미롭게 다가왔던 내용이지만 이론에서 실천으로 옮기는 건 교사의 역할이 크기에 고민이 많았다.

고민 중에 다중언어교사 공동체 모임에서 과제가 주어졌다. 다중언어교육과 관련된 수업 지도안을 작성하고 실제 수업을 진행한 후 성찰하는 과제였다. 수학 교과 시간에 다중언어교육을 녹여내야 했고 둘을 접목시킬 수 있는 단원을 찾아야 했다.

1학년 마지막 단원은 「자료의 정리와 해석」이었고 통계와 관련된 단원이었다. 전년도에 이 단원에서 〈프로듀스 2022〉라는 프로젝트 수업을 진행했었는데 여기에 다중언어교육을 접목시키면 좋을 것 같다는 생각이 들었다.

전년도에는 모둠별로 연예기획사가 되어 가수를 섭외하고 굿즈 개발을 기획하는 것으로 설정하고 통계 수업을 진행했었다. 인터넷 등을 이용하여 기존에 이미 데뷔한 연예인의 나이, 키, 몸무게 등 수치화된 자료를 수집하고 이 자료를 줄기와 잎 그림, 도수분포표, 히스토그램과 도수분포다각형 등으로 표현하고 분석한 뒤 소비자가 선호할 것 같은 유형의 가상 연예인을 만들어 보도록 했다. 물론 나이, 키, 몸무게 등으로 선호와 비선호를 나눌 수 없지만 수학적으로 활용하기 위해서 어쩔 수 없는 선택이었다. 조사한 자료 중에서 연예인이 태어난 달을 중심으로 몇 월생이 많은지 찾아 탄생석 굿즈를 만들게 하였는데 이것도 사실은 조금은 억지스럽긴 했다.

그래도 관심 있는 분야에서 스스로 수치화된 자료를 수집하고 수학 시간에 배우는 자료 정리 방법들을 이용하여 정리하고 분석하는 과정이 즐거웠는지 학생들의 수업 참여도는 높았고 수업이 끝난 후에 이런 수업을 계속 했으면 좋겠다는 학생들의 평가도 있었다. 이 수업을 살짝 변형하면 다중언어교육을 접목시킬 수 있을 것 같았다.

이번에는 해외 시장 진출을 목표로 한 〈프로듀스 2023〉을 만들었다. 수업은 총 5차시로 구성했다. 모둠별로 진출하고자 하는 나라를 정하고 그 나라를 공략하기 위한 다국적 그룹을 만들고 그룹명을 정하고 굿즈의 문구를 만들도록 하였다.

기획안 공유문서

기획안을 작성하는 모둠

1차시는 인터넷으로 다국적 아이돌 그룹 관련 정보를 수집하는 단계로 현존하는 다국적 아이돌 그룹 구성원의 국적, 성별, 나이 등을 조사하여 엑셀로 입력했다. 그리고 다국적 아이돌 그룹 관련 신문기사도 조사하여 이것은 구글 공유 문서로 집중 정리했다. 관련 기사는 긍정적·부정적 기사를 나누어 정리하고, 특히 '다국적'이란 요인으로 생긴 문제점을 집중 정리했다.

2차시는 수학 교과 내용에 집중된 수업으로 이지통계 프로그램을 이용하여 1차시에 조사한 수치 자료를 입력하여 줄기와 잎 그림, 도수분포표 등으로 나타냈다. 이 결과물은 기획안 공유 문서에 따로 페이지를 만들어 정리하고, 정리한 통계 자료를 보고 모둠별로 분석했다. 그래서 모둠별로 캐스팅할 그룹 구성원의 국적, 나이, 키 등을 정하도록 하였다.

통계 자료를 정리하는 학생

자료 조사 중인 학생들

3차시는 다문화에 집중한 수업으로 구성했다. 1차시에서 조사한 신문기사 등을 기초로 현 다국적 아이돌 그룹이 직면한 문화 갈등 등 해결해야 할 문제점을 정리하고 해결 방안을 모색하도록 했다. 그래서 이를 토대로 각 모둠이 설립한 기획사에서 아이돌 교육 지침을 마련하도록 하였다. 진출하고자 하는 나라에서 활동을 하려면 권장해야 할 일과 주의해야 할 일 등을 정리하여 기획안 공유 문서에 페이지를 할애하여 교육 지침을 정리했다.

4차시는 다중언어에 초점을 둔 수업으로 구성하였다. 다양한 언어를 사용하여 상황에 적합한 문구를 작성하는 것을 학습 목표로 두었다. 먼저 지금까지 공유 문서로 정리한 기획안을 진출국의 언어로 번역했다. 그 나라 언어를 잘 모르는 경우가 대다수라서 파파고 등 번역기를 사용하게 하였다. 기획사명, 그룹명, 그룹원 이름 등을 모두 다 이중언어로 병기하도록 하고, 굿즈 상품을 기획하고 굿즈에 넣을 문구를 정하게 했다.

5차시에는 모둠별로 발표자가 나와서 기획안을 발표하는 시간

발표 자료를 만드는 학생

기획안 발표 시간

을 가졌다.

1차시에 학생들에게 이 프로젝트 수업을 소개한 후 모둠별로 진출국을 정하도록 했는데 자유롭게 선정하도록 했더니 영어권을 주로 선택했다. 어떤 모둠은 북한을 선택했다. 수업의 의도를 제대로 설명하지 못한 것인지, 아니면 다른 언어는 피하고 싶었던 것인지 이웃 나라 중국과 일본을 선택한 모둠도 없었다. 그래서 뒤늦게 제한을 걸어 영어권과 한국어권(?)을 제외하였다.

중국을 추천하자 어떤 아이가 큰 소리로 "짱깨!"라고 외쳤다. '중국'하면 짱깨가 바로 연상이 되나 보다. 그래서 짱깨가 어디서 비롯된 말인지 알려 주었다. 그 말 자체는 비하하는 말은 아니지만 비하하는 어투로 사용되는 단어라 자제해 주길 바랐다. 인식을 바꾸기 위해선 교사의 주의와 훈계보다 스스로 깨닫는 바가 있어야 하는데 이 수업이 끝날 즈음 학생들의 인식이 조금은 바뀌어 있기를 간절히 바랐다.

진출국에 제한을 뒀음에도 우리 모둠만 미국을 하면 안 되냐고 말하는 학생들이 있었다. 그래서 이번 수업을 통해 영어 말고도 다른 언어를 사용해 보는 경험을 했으면 좋겠고 나중에 어떤 나라와 관계를 맺게 될지 모른다며 설득했다. 그렇게 모든 모둠이 영어권이 아닌 중국, 일본, 바티칸시국, 독일, 프랑스 등을 선택하였다.

모둠별로 수행해야 할 역할 목록을 나누어 주고 모둠장(기획사 사장)을 정하라고 하였다. 공유 기획안의 큰 틀은 수업 시작 전에 교사인 내가 만들어 배포하였다. 학생들은 그 공유 문서의 페이지를 채워 넣으면 되는 것이었는데 처음 하는 작업이라 적응하기까지 좀 시간이 걸렸다.

나는 교실을 순회하면서 모둠장을 계속 기획사 사장이라고 불러 주었고 모둠원은 직원이라 부르면서 "직원들이 열심히 일하고 있다", "이 직원은 업무가 뭐냐"고 물으면서 다녔다. 학생들이 역할극 같은 상황 속에 빠져들게 했다. 학생들은 점점 자신들이 하는 일들을 업무로 비유하고 쉬는 시간에도 남아서 작업하면 야근수당 나오느냐고 사장인 모둠장한테 말하기도 했다. 학생들은 프로젝트 수업에 빠져들기 시작했고 작업 자체를 흥미로워했다.

공유 문서가 완성이 되어 가고 문서 속의 글들이 이중언어로 병기되었다. 중국을 선택한 모둠은 파파고로 번역을 하였는데 너무나 그럴듯해서 놀라웠다. 파파고의 기술도 놀랍고 아무 것도 모르면서 그걸 자신 있게 문서에 붙여 넣은 학생들도 놀라웠다. AI

AI 번역기를 사용하여 번역 중인 학생들

이중언어로 병기 중인 학생

번역에 대한 믿음이 대단한 것 같았다. 나는 학생들이 그 나라 언어를 컴퓨터로 복사·붙여넣기만 하지 말고 한번 직접 써 봤으면 하는 욕심도 있어서 국가 이름이나 기획사명은 공유 문서에 직접 쓰지는 못하더라도 종이에 보고 따라 그린 후 사진을 찍어 공유 문서에 붙여 넣는 것도 추천하면서 다녔다.

마지막 5차시에 학생들에게 수업에 대한 피드백을 받았는데 그 피드백을 정리하면서 감격스러웠다. 다른 나라 언어를 사용하면서 한국에 있는 중도 입국 학생들의 마음을 이해하게 되었다는 글, ○○ 언어가 매력적이라는 것을 알게 되었다는 글, 그리고 자신이 사실은 중국인이라는 것을 밝히는 아이들도 있었다. 한 명이 아니었다.

우리 학교는 서울 남부에 있는 공립 중학교다. 전교생 중에서 한국어 능력이 부족한 학생은 올해 중국에서 한국으로 중도 입국한 학생 3명 정도여서 겉으로 이주 배경 학생으로 분별이 되는 학생은 극히 소수이다. 하지만 우리 반 학생을 대상으로 조사한 결과에 따르면 22명 중 5명이 이주 배경 학생이고 학부모 상담 등을 통해 어쩌면 이주 배경 학생이 5명보다 많을 수도 있다는 느낌을 받았다. 들려오는 이야기에 따르면 이건 우리 반만의 특수한 경우가 아니라고 하니, 우리 학교의 이주 배경 학생의 비율은 낮지 않다고 짐작할 수 있다.

이런 학교에서 근무를 하고 있다 보니 올해 2학년 수학 수업 시간에도 간단하게 중국어를 사용한 적이 있다. 연립방정식의 풀이법 중 '가감법加減法'이 있는데 이 가감법이라는 단어를 네이버 사전을 통하여 영어, 중국어, 일본어 등의 언어로 들려주었다. 더할 가加, 뺄 감減을 사용한 가감법은 한자어여서 중국어로 들려줄 때 의미가 확실히 전달이 되었고 발음도 비슷했다.

그런데 역시나 '짱깨'라는 말이 여기저기서 들려왔다. 중국에 대한 부정적인 이미지를 바꾸는 게 쉽지 않은 것 같았고 그 반에 분명히 중국 국적의 학생이 있을 것인데 상처를 받았을 것 같기도 했다. 하지만 나중에 알게 된 놀라운 사실은 '짱깨'를 누구보다 크게 외쳤던 학생의 부모님이 사실 중국 국적이었다는 것이다. 그 학생은 왜 그랬을까? 학생들 사이에서 그러한 정체성이 어떤 문제가 있는지, 어떤 영향을 주는지 난 잘 모른다. 하지만 어떤 학생에게는 중국이라는 나라가 감추고 싶은 상처인 것 같다.

〈프로듀스2023〉 수업에 대한 설문 조사지였는데, 질문지에도 없는 질문인데, 자신의 국적을 굳이 밝혀 적은 이유가 뭐였을까? 개인적으로는 미운 오리 새끼가 사실은 백조였음을 알게 되는 순간이 그 학생들에게도 있었길 바란다. 앞으로 열심히 공부하고 싶은 언어로는 여전히 영어가 우세하였지만 학생들은 수업을 통해 영어 이외의 언어의 매력을 맛본 것 같다. 그리고 한국에서는 소외되고 감추어야 했던 언어, 그것도 자신의 모국어가 빛을 발하는 순간을 맛본 것 같다. '이게 과연 될까?'로 시작한 수업이어서 그런지, 사소해 보일 수도 있는 변화지만 나한테는 큰 감동이었다.

다중언어교육이 이런 것이라면 중등 교육과정에서도 가능할 것 같았다. 영어 이외의 언어를 존중하고 무시하지 않는 태도, 그 언어를 사용하는 사람 또한 그렇게 대하는 태도를 배우는 수업이라면 가능할 것 같다.

다중언어교육의 목표가 '어떤 언어를 모국어처럼 구사하는 수준'이 아니라 '그 언어를 사용할 수 있는, 그 언어와 관련된 모든 감각과 도구 등을 이용하여 의사소통을 할 수 있는 상태'라면 그 목표가 기존의 언어교육의 목표보다 낮아졌다고 할지라도 교사는 정말 의사소통이 되는지 판단할 수준은 갖추어야 하는데 과연 그것이 가능할까가 의문이다. 베트남어로 의사소통이 되고 있는지, 불완전한 언어라고 할지라도 정말 의사소통이 되고 있는지는 누가 판단해 줄 것인지 궁금하다.

하지만 언어에 대한 태도에 목표를 둔다면 수업 구성이 가능할 것 같다. 다양한 언어를 배우고자 하는 동기 유발과 그 언어가 잘 사는 나라의 언어인지 그렇지 못한 나라의 언어인지와 상관없이 존중하는 태도를 기르는 수업은 현실 속에서 구현될 수 있을 것 같다.

지금의 나

2020년에 나는 중국어 교사로 신규 발령을 받았다. 그리고 2023년 나는 3년 차 수학 교사이다. 중국어 교사였던 내가 수학 교사가 된 현실과 다중언어교육이 이야기하고자 하는 현실이 맞닿아 있는 것 같다. 중국어 교사일 당시 중국어 교사 단체 채팅방에서는 중국어를 선택하는 학생이 적어서 한문을 가르쳐야 한다는 소식과 교육학 등등을 가르쳐야 한다는 소식들이 거의 매일 쏟아졌다. 나는 발령 받은 학교에서 5년을 지낸 후엔 다른 학교로 옮겨야 하는데 그때 중국어 교사 티오가 없으면 한문을 가르쳐야 할 수도 있고 교육청 소속으로 순회할 수도 있었다. 이제 막 교직 사회에 들어왔는데 담임도 못하고 순회 교사로 살아야 한다는 게 나한테는 좋지 않았다.

중국어는 학교 교과로서는 소외되고 있었다. 중국발이라는 소문이 무성한 코로나의 영향도 있는 것 같다. 첫 중국어 수업 시간에 학생들이 나를 보자마자 '짱깨'라고 했다. 밑도 끝도 없이 그런 말을 들었다. 무시하고 수업을 했다. 그해 중국어를 가르치는 나는 왠지 중국을 대신해서 사과를 해야만 할 것 같은 기분이었다. 중국어는 미안한 언어가 되었는데 4개의 성조도 간체자 표기도 어느 것 하나 쉬운 게 없었다. 가뜩이나 미안한데 더 미안한 언어가 되었다.

고등학교에서는 중국어는 점수 받기 불리한 과목으로 낙인찍혀 선택하는 학생 수가 줄었고 중국어 교사들이 학생들을 모집하느라 교실마다 홍보를 다닌다는 이야기도 들었다.

서울의 중국어 교사는 과원이어서 작년과 올해 임용 티오가 0명이다. 같은 외국어라도 영어는 승승장구하고 있지만, 중국어, 일본어, 독일어, 프랑스어는 기복이 있긴 하지만 영어만큼 대접받지는 못하고 있다.

이런 시대의 흐름을 보고 나는 수학 교사가 되었다. 중국어 시간에 학생들과 중국 문화 체험으로 중국식 요요인 콩주空竹를 가지고 놀 때가 그립고 중국어 수업이 제일 재밌다고 해 줬던 아이들도 그립다. 시대의 흐름에 발맞추어 어쩌다 수학 교사가 된 지금, 다음 학교는 이주 배경 학생의 비율이 높길 바란다. 다시 중국어로 수학 수업을 해 보고 싶다는 작은 소망이 있다.

내가 어떤 길을 걷는지도 모른 채 살아왔는데 과거가 퍼즐 조각처럼 맞춰지는 시간이 있었다. 지금은 수학 교사로 열심히 수업을 연구하면서 학생들을 가르치고 있는데 다중언어 실행공동체 모임은 그 조각들이 맞물린 퍼즐의 연장선이자 퍼즐을 놓지 않게 해 주는 끈이다.

다중언어교육에 대한 나의 태도가 다중언어교사 실행공동체가 요구하는 수준보다 적극적이지 않더라도, 언어를 바라보는 시각과 시선에 '사람'이 있어서 좋고 그 방향이 '낮은 곳'을 향하기 때문에 다중언어교육에 관심이 간다. 아직까지는 현실에서의 구현이 고민되는 다중언어교육이지만 모임 속에서 같이 고민하면서 좋은 교육으로 성장했으면 좋겠다.

박이랑 어쩌다 중국이란 땅에서 이방인으로 잠시 머물게 되었다. 우리가 언제 어디서 '이방인'으로 살아가게 될지 모르는 그런 시대에 살고 있음을 경험했다. 나는 서로를 환대하며 살아가는 세상을 아이들과 함께 배우고 나누고자 하는 한 사람, 한 교사이다.

3부 우리의 언어가 만나는 교실

7

다중언어사회 속의 나

강인성 인천 만석초등학교

여러 언어가 함께하는 학교 울타리
속에서 학생의 언어(모어)는 내가
필요할 때만 꺼내는 수단이자 나에게
스트레스를 주는 존재였다.

2018년에 한 연예인이 세계 난민의 날에 올린 글이 많은 관심을 받았다.

"#난민과함께 해주세요. 이들에 대한 이해와 연대로 이들에게 희망이 되어 주세요."

당시의 나는 난민에 대해 아는 것도 없고 앞으로 난민을 만날 일도 없다고 생각해 무관심하게 지나쳤다.

2022년, 우리 반 교실로 한 아프가니스탄 학생이 왔고, 이 학생에게 나는 1년 동안 한국어를 가르쳤다. 아프가니스탄 난민이자 특별기여자인 부모님과 함께 한국에 들어오게 된 학생이다. 2023년에는 미얀마 출신의 난민 인정 학생 3명들을 가르치게 되었다. 난민에 관해 무지하고 무관심했던 과거의 내가 부끄러웠다.

그 외에도 세계 각지 분쟁 지역의 학생들도 우리 반에 함께 모여 공부를 했다. 러시아와 우크라이나가 전쟁을 시작한 당시 우리 반에는 러시아 학생과 우크라이나 학생이 모두 있었다. 전쟁과 관련된 뉴스를 보며 두 학생이 다투지 않을까 걱정했었다. 다행히 두 학생은 두 나라 간의 전쟁에 대해 마음 아파했지만 그 문제를 교실로 가져오지 않았다. 또 최근 이스라엘과 팔레스타인의 분쟁을 보며 예전에 우리 반이었던 요르단 국적의 학생이 자신의 나라는 팔레스타인이라고 말하던 것도 떠올랐다. 당시 나는 대한민국에서 팔레스타인을 국가로 인정하지 않고 있다는 것을 모르고 있었기에 대수롭지 않게 넘어간 이야기를 이제야 이해할 수 있었다.

나는 지금 외국인 학생(정확하게 말하면 이주 배경 학생)들을 가르치고 있다. 세계 각 지역에서 일어나는 뉴스는 우리 학생 나라의 뉴스이며 내게는 큰 관심거리가 되었다. 사람들이 왜 난민에 관해 이야기했는지, 왜 그 팔레스타인 학생의 국적이 요르단이었는지 이제 이해하기 시작했다. 현재 다양한 국적의 학생들을 지도하며 다양성 교육, 다문화 교육에 자연스럽게 관심을 두게 되었다. 이러한 관심은 누군가보다 한참 늦기도 하고, 또 누군가보다는 한참 빠르다고 생각한다. 다문화사회로 빠르게 변화하고 있는 대한민국의 다문화교육은 이미 많이 진행되었고, 앞으로 시작될 것도 많기 때문이다.

다문화교육에서 '언어'는 가장 중요한 요소라고 생각한다. 국

내에서 태어난 이주 배경 학생에게 언어는 큰 장애물이 아닐 수 있지만, 외국에서 입국한 이주 배경 학생에게는 '언어'의 성공적인 학습은 학교 적응에 가장 큰 요인이다. 나는 이렇듯 중요한 '언어'를 인천한누리학교에서 가르쳤다. 이 학교는 이주 배경 학생들을 그들의 학교에서 위탁받아 한국어를 중점적으로 가르친다. 학생들이 원래 학교에서 잘 적응할 수 있도록, 기역니은부터 기본 의사소통, 교과 관련 어휘, 한국 문화 등 한국 학교와 관련된 전반적인 내용을 가르친다. 그리고 짧게는 6개월, 길게는 1년 뒤에 위탁 학생들을 원래의 학교로 돌려보내는 역할을 하는 공립형 대안학교였다.

이 학교에서 처음 학생들을 지도할 당시에는 학생들에게 언어를 진짜 잘 가르치고 싶었다. 한국어를 빨리 유창하게 사용할 수 있게 도와주고 싶었다. 그러다 보니 한국어 외의 학생의 언어(모어)는 교실에서 사용하지 못하게 했다. 그렇게 학생의 언어를 억제하고 한국어로만 교육하다 보니 오해가 많이 발생했다. 예를 들어 '사과'라는 단어를 가르치기 위해 사과 그림을 보여 주면 뜻을 쉽게 이해했지만, 나무에 사과가 열려 있는 그림을 보여 주면 이 단어가 '사과'인지 '나무'인지 '과수원'인지 학생들은 혼란스러워했다. 또, 사람의 감정처럼 그림으로 표현하기 어려운 단어나 복잡한 문장을 가르치는 것은 더 어려웠다. 결국, 번역기를 사용하고 학생의 언어를 활용할 수밖에 없었다.

이렇듯 '언어'에 대해 내가 갖고 있던 관점이 내 삶의 경험과 만나 변화하는 과정을 지금부터 이야기하고자 한다. 먼저 내 삶 속에서의 '언어'에 대한 인식의 변화를 살펴보고, 다양한 언어를 사용하는 학생들을 만나 적용한 다중언어교육에 관해서도 이야기해 보고자 한다.

삶 주변의 언어, 영어

2012년 겨울, 초등교사 2차 임용고시를 준비하는 교육대학교 한 강의실, 영어 수업 발표와 영어 질문들에 나는 너무나 힘들어하고 있었다. 영어는 나와 맞지 않았다. 영어로 모의 수업을 진행하고 영어로 된 무작위 질문 몇 가지에 역시 영어로 답해야 했다. 예상 질문을 수십 개 뽑아 그 답변을 줄줄 외우기 시작했다. 과연 내가 10년 넘게 공부한 언어가 영어가 맞을까. 언어를 의사소통을 위한 수단으로 본다면, 나는 잘못 공부한 것이다. 내가 학생으로 공부했던 영어라는 언어는 알파벳이라는 기호를 이해하여 문항의 정답을 정확히 고르는 암호 해석 과정에 더 가깝지 않았을까.

임용고시에 합격했지만, 영어는 나를 놓아주지 않았다. 2013년 처음 발령받은 작은 학교에서 내게 주어진 업무는 영어 전담 교사였다. 그리고 영어 수업보다 무서운 것은 아침마다 내게 환하게 웃으며 인사해 주는 원어민 강사 케이트였다. 아침마다 인사하고,

수업 시간에는 협력 수업을 하며, 아이들이 없을 때 이야기를 나누려면 영어를 공부해야만 했다. 케이트와 대화하기 위해 1시간 반의 출근 시간 동안 내 라디오 채널은 늘 영어교육 채널로 고정되었다. 그렇게 공부를 해도, 그녀와의 대화가 길어질수록 내 자존감은 낮아지는 느낌이었다. 아이러니하게도 그녀와 함께 수업하고, 이야기를 나누던 이 6개월이라는 짧은 기간이 인생에서 내가 가장 영어를 잘했던 시기였다. 이 기간 동안 새로운 영어 표현을 공부한 것이 아니라, 그저 영어를 말하는 것에 대한 두려움을 지울 수 있었다. 그녀와 대화하고 나서 내 영어를 돌이켜 보면 웃긴 표현도 많고 틀린 표현도 너무나 많았지만, 원어민 강사는 내 표현을 바르게 고쳐서 말해 주지 않고 그저 내 말을 이해하려 노력했다. 잘못된 문장을 이야기해도 대화가 잘 이어지기에 나도 더욱 자신감을 얻고 이야기했다. 그 시절 나는 영어로 의사소통을 했다기보다는, 의사소통을 위해 사용한 여러 가지 수단 중 하나가 영어였을 뿐이다.

지금 가르치는 이주 배경 학생 중에는 영어를 말할 줄 아는 학생들도 꽤 있다. 대부분 모어가 영어가 아니지만 제2언어로 영어를 사용하거나 부모님께 영어를 배운 학생들이다. 미얀마, 방글라데시, 파키스탄, 몽골 등 나라도 제각각이고 발음도 정말 제각각이다. 이런 학생들에게 한국어를 지도하다가 학생이 잘 이해하지 못하면 영어를 사용하곤 한다. 이 또한 의사소통하기 위해 꺼내든 하나의 수단이 영어인 것이다. 제삼자가 우리의 대화를 보면 웃을 만큼, 학생과 나는 서로 좋지 않은 발음과 서툰 표현으로 영어를 주고받는다. 이렇듯 긴 시간 동안 내 가슴 한구석에 바위처럼 얹혀 나를 힘들게 했던 영어라는 언어는, 이제는 필요하면 꺼냈다가 바로 집어넣어 버리는 가볍고도 편한 존재이자 하나의 의사소통 수단으로 변해 있었다.

다문화학교, 여러 가지 언어를 마주하다

"외국인 학생들을 가르친다니, 힘드시겠어요……."

어느 곳에서든 지금 다니는 학교 이야기를 꺼내면 가장 먼저 듣게 되는 말이다. 사실 반은 맞고 반은 틀리다. 외국어로서의 한국어교육이 어려운 것도 사실이지만, 한국어를 잘 못 하는 학생들과 재미있는 일도 많이 일어나는 만큼 이곳에서의 경험은 색다르며 힘든 동시에 재미있다. 이 학교에서의 경험은 앞으로 이야기할 다중언어교육의 시작점이기도 하며, 이 경험들이 내가 언어에 대해 깊게 고민하게 해 주었고, 언어가 줄 수 있는 즐거움과 힘듦을 모두 느끼게 해주었다.

나의 첫 근무지는 인천 강화였고 7년 정도 근무했다. 상대적으로 농촌에 해당하는 강화에는 국제결혼 가정 출신 학생들이 많았고, 이 국제결혼 가정의 자녀인 이주 배경 학생들을 지도한 경험이 많이 있었다. 국제결혼 가정 이주 배경 학생들은 보통 부모님 중 한 쪽이 한국인이며, 한국에서 태어나 한국에서 쭉 자란 학생이 많다. 그렇기에 한국어 의사소통에는 거의 문제가 없다. 의사소통이 가능하기에 일반 교과를 지도하는 데에도 큰 어려움을 느끼지 않았다. 다만 부모님 중 한 분이 외국인이라는 사실을 다른 학생들이 놀리지 않도록 '다문화 이해 교육'에 더 신경을 썼다. 그렇게 학급 친구들과 잘 지내고, 학급에서 잘 적응하고 있는 이주 배경 학생들을 보며 다문화교육은 딱히 어렵지 않고 잘할 수 있다고 착각했다. 그렇게 다문화 학교에 지원했다.

인천한누리학교는 인천에서 근무하는 교사를 대상으로 면접을 통해 교사를 선발했다. '전부 외국인 학생만 있는 교실이니 영어를 잘 해야겠지?'라는 생각에 지원을 머뭇거렸지만, 알아보니 한국어로만 수업한다고 하여 지원하였고 선발되어 아이들을 가르칠 수 있었다. 막상 근무해 보니 학생들과 영어로라도 소통할 수 있으면 다행이었다.

평균적으로 영어를 할 줄 아는 학생은 10명 중 1~2명밖에 없으며, 10명의 학생 중 모어가 서로 같은 학생도 많지 않을 만큼 의사소통이 힘들다. 이 학교에는 '언어'라는 커다란 벽에 가로막혀 정상적인 공교육을 받기 힘든 학생들이 모여 있다. 한국 학생들과 말은 잘 통하지만 문화적 차이 때문에 어울리기 어려운 이주 배경 학생과는 달리, 이곳 학생들은 대부분 외국에서 중도 입국했기에 언어와 의사소통이 무엇보다 큰 문제다. 외모로 차별을 받거나 부모의 서툰 한국어를 부끄러워하는 등의 어려움은 차치하고, 학교의 누구와도 소통하지 못하고 있어 그저 소통의 어려움이 가장 큰 학생들이다. 이 학교에 오기 전까지 내가 가진 언어에 대한 고민은 오직 '영어'였지만, 지금은 '한국어'가 주는 고민이 훨씬 많다. 한국어를 지도하는 동시에 일반 교과와 한국 문화를 가르쳐 줘야 하고 가르쳐 주고 싶은 내용도 너무나도 많다. 또, 한국어를 처음 배우는 학생들에게 어떻게 언어를 가르쳐야 할지도 많이 고민된다. 내가 생각 없이 한국어를 가르치기만 한다면, 내가 경험했던 영어 스트레스처럼 이 학생들도 똑같이 한국어 스트레스를 느끼게 될 것이다.

그 고민 중 하나는 학생의 모어mother tongue 허용 여부이다. 학교에는 다양한 언어권의 학생들이 모여 있지만 러시아어, 아랍어, 베트남어, 중국어 등 특정 언어권의 학생들이 더 많이 있다. 그리고 서로 언어가 통하는 학생들끼리 대화를 자주 나눈다. 예를 들어면 교사가 무언가를 알려 주면, 그중 한국어를 잘 이해한 학생이 이해하지 못한 다른 학생에게 모어로 설명한다. 이 과정이 한국어 학습에 도움이 될 지에 대한 고민이 들었다. 통역해 주는 학생에게는 도움이 될 것이다. 통역하는 과정에서 다른 학생을 가르치며 언어 능력도 향상될 수 있다. 그러나 반대로 이해하지 못한 학생은 교사가 파악하여 다시 설명해 주면서 한국어를 배울 수도 있었을 텐데, 모어가 개입됨으로써 스스로 이해할 기회를 잃어버린 것일 수 있다.

고민 끝에 나는 수업 시간에 모어 사용을 금지했다. 한국어를 이해하지 못한 학생이 스스로 이해할 수 있는 시간을 마련하고, 또한 소수 언어권의 학생들에게 교육의 형평성을 제공하며, 무엇보다도 교실에서 여러 가지 언어 소음이 들려올 때 발생하는 스트레스를 줄이기 위함이다. 그러나 정확한 이해도 중요하기에, 한국어로 여러 번 설명해 준 내용을 이해하지 못한 경우에는 모어를 사용하는 친구나 번역기의 도움을 받아 정확하게 알려 주었다. 모어 사용은 교사의 통제하에 있었지만, 문제는 이 통제의 기준이 명확하지 않다는 점이었다.

예를 들어 열심히 한국어 수업을 하는데 중국어가 들려온다면 짜증이 날 것이다. 학생이 잡담을 하는 것이 아니라 친구에게 설명하는 것일지라도 중국어를 모르는 나에게는 수업 중의 소음으로 느껴질 수 있다. 반대로 계속 설명해도 이해하지 못하는 학생 때문에 답답해할 때, 옆에서 중국어로 설명해 주면 그 순간의 중국어는 매우 감사하고 반갑게 느껴질 것이다. 이처럼 모어를 언제 사용할지, 언제 사용하지 말아야 할지를 나만의 기준으로 정하는 것이 학생들을 혼란스럽게 했다.

또 다른 고민은 교사가 번역기를 얼마나 활용해야 하는가이다.

교사: "이해했나요?"

학생: "네."

교사: "(뭔가 불안감을 느끼며) 진짜 알겠어요?"

학생: "(확신의 끄덕임과 함께) 네!"

교사: (불안해서 결국 번역기를 켜 모어로 번역해 주며) '이거예요, 맞게 이해했나요?'

학생: "(이제 알았다는 듯이) 아~"

이러한 대화가 빈번하니 번역기를 사용하지 않을 수 없다. 하지만 번역기를 통해 모어를 어느 정도나 제시해 줘야 한국어 향상에 도움이 될지 그 빈도를 판단하기가 어렵다. 너무 자주 번역기를 사용하면 시간이 많이 소요되고, 학생들이 번역기에 의존하는 경향을 초래한다. 반면에 너무 번역기를 사용하지 않으면 학생들이 잘못 이해하는 내용이 많아질 수도 있다.

어느 날, 루나라는 학생이 점심시간에 밥을 먹기 싫다며 급식실로 가지 않겠다고 했다. 나는 함께 밥을 먹지 않고 급식실에만 가서 앉아만 있자고 제안했다. 그러자 루나는 뜬금없이 펑펑 울기 시작했다. 번역기로 대화해 보니, 자기는 밥을 먹고 싶지 않은데 선생님이 계속 먹으라고 강요한다는 것이다. 밥은 안 먹어도 되니 교실에 혼자 있기보다는 함께 갔다가 돌아오자는 제안을 오해한 것이었다. 이처럼 생활 지도에서는 특히 오해가 많이 발생할 수 있다는 것을 깨달았다. 의도를 설명하거나 지시할 때는 번역기를 통해 명확하게 의미를 전달하는 것이 중요하다는 생각이 들었다.

반대의 경우도 있다. 어떤 학생이 학교에 등교하고 바로 내게 번역기를 켜 달라고 요구했다. 번역기에는 친구가 왜 학교에 오지 않았냐는 질문이 적혀 있다.

“친구, 왜 없어?”

이 정도는 말할 수 있는 학생인데 번역기에 의존하여 한국어를 사용하려는 노력도 하지 않고 있다. 즉 번역기 없이 대화하다 보면 오해가 생길 수 있지만, 반대로 오해가 무서워 번역기를 많이 활용하다 보면 번역에 지나치게 의존하는 학생을 만나게 되는 딜레마에 처한다.

번역기의 정확하지 않은 표현으로 인해 문제가 발생하는 경우도 있다. 한 러시아 학생이 쉬는 시간에 나에게 번역기를 들이밀었다. 그 학생은 러시아어를 한국어로 번역하여 다음과 같이 보여 줬다.

‘나는 지금 저 공으로 놀아도 됩니까?’

교실 책장에 있는 피구공을 가리키며 이야기하고 있었다. 안 된다고 하니, ‘공을 사용하지도 않을 건데, 저것은 왜 저기에 있어?’라고 번역을 다시 보여 준다. ‘공을 쓰지도 않을 거면서 왜 저곳에 놓았어요?’라는 비꼬는 듯한 뉘앙스를 품고 있어 순간 기분이 나빴다. 번역기를 사용하면 이처럼 오해가 흔히 발생한다. 반말이 기본이며, 직설적인 표현들은 한국어로 번역했을 때 꽤 차갑게 느껴진다. 기분이 좋진 않았지만 '사용하지 않는 공이 교실에 있는 이유를 모르겠어요.' 정도로 가볍게 이해하고, 번역기로 '체육 시간에 사용할 공이야. 나중에 함께 피구를 할 거야.'라고 말해 주자 이해했다는 표정을 하고 들어갔다.

이처럼 번역기를 자주 사용하는 나조차도 번역을 보고 기분이 나쁠 때가 많다. 한국어를 전혀 모르는 외국인과 번역기를 통해 대화하는 상황에서는 무례한 표현으로 오인되어 그 사람에게 화를 낼 수도 있다. 언어에서 발생하는 오해는 교육을 넘어 교사와 학생의 신뢰를 무너뜨릴 수 있기 때문에, 번역기를 사용할 때는 학생의 발언을 더욱 주의 깊게 해석하고 이해하는 것이 중요하다.

다중언어교육, 학생의 언어를 이해해 보자.

여러 언어가 함께하는 학교 울타리 속에서 학생의 모어는 내가 필요할 때만 꺼내는 수단이자 나에게 스트레스를 주는 존재였다. 그러나 '다중언어교육'을 공부하며, 내 생각을 점차 바꿀 필요성을 느꼈다.

처음 다중언어교사 실행공동체에서 교수님과 함께 다중언어교육과 관련된 논문을 읽고 생각을 공유할 때, 다중언어교육의 개념은 무엇인지 정의하기가 힘들었다. 다만 한 가지 확실한 것은 이전에 내가 가진 모어 사용에 대한 부정적인 감정과 이로 인한 통제를 바꿔야 한다는 것이었다. 다중언어교육은 학생들이 가진 다양한 소통 수단을 모두 활용할 수 있는 환경에서부터 출발한다. 소통을 하기 위해서는 학생 개인이 가진 자신만의 모든 레퍼토리를 활용할 수 있다. 자신의 레퍼토리란 모어뿐만 아니라 제2의 언어, 제3의 언어, 표정, 몸짓, 그림 등 소통을 위해 사용할 수 있는 모든 수단이며, 이는 삶에서 쌓아온 그 사람의 고유한 능력이라 할 수 있다. 교사가 이러한 능력을 활용할 수 있도록 소통의 창구를 열어 주면, 학생들은 보다 평등하고 자유로운 환경에서 소통할 수 있을 것이다.

그동안 나는 학생들의 모어 사용을 제한함으로써 소통의 창구를 강제로 계속 닫고 있었다. 모어 사용을 교사가 필요한 상황만 허용함으로써, 불평등하고 자유롭지 못한 언어 사용 환경을 조성하고 있었다. 그래서 소통의 창구를 열어 주기로 마음먹었다. 이러한 열린 환경이 학생들의 정서적 안정을 증진시킬 것을 기대했다. 이 변화가 한국어 교육에 어떤 긍정적인 영향을 미칠지에 대해서는 의문이 남았지만, 일단 교실 내 언어 사용의 기회를 확장해 준 후 결과를 관찰해 보기로 했다.

교실에서 소통에 어려움을 겪는 학생들이 서로 소통하는 모습이 보인다. 한국어를 전혀 사용하지 못하는 두 친구가 영어 단어로 짧게 대화하는 상황이나, 페르시아어로 이야기하는 친구들의 대화를 이해하려는 캄보디아의 학생 등이 보인다. 의미를 전달하기 위해 사용하는 수많은 몸짓과 표정들도 관찰된다. 다양한 언어적 표현을 이해하려는 노력도 보인다. 앞으로 교실에서 더 넓게 모어를 활용하게 해 주기 위해, 다중언어 수업을 계획하고 실행해 보았다. 이는 다중언어교육을 위한 나의 첫 번째 노력이다.

나만의 다중언어 수업의 목표는 가장 중요한 '한국어 학습'이 이뤄지면서 동시에 학생들이 모어를 자신감 있게 활용할 수 있는 경험을 제공하는 것이다. 더불어, 친구의 언어를 경청하고 친구의 언어에도 관심을 갖도록 유도하고자 했다. 또한 학교에서는 한국어 교육이 가장 중요한 부분이기 때문에, 다른 언어 사용을 독려하는 이 수업의 활동이 한국어 학습을 방해하지 않도록 신중히 수업을 계획했다.

수업 내용은 간단하다. 국어 교과서에 수록된 글 하나를 학습하고, 문장 속 단어 하나를 변환하여 각 학생의 모어인 '나의 언어'로 발표한다. 이후, 친구들은 발표된 내용을 듣고 친구의 모어인 '친구의 언어'의 뜻이 무엇인지 유추해 보고 정답을 공유한다.

예를 들어 "사람들은 모여서 의논을 했어"라는 문장에서 '의논'이라는 단어를 자신의 언어로 바꿔서 발표한다. 페르시아어를 사용하는 친구는 이를 "사람들은 모여서 사냥을 했어"로 바꾸었다. 대부분 페르시아어를 모르기에 '사냥'이란 단어가 무엇인지 모른

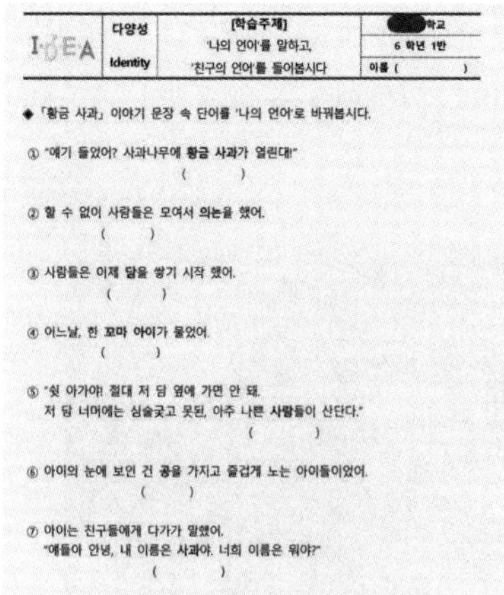

I·D·E·A	다양성 Identity	[학습주제] '나의 언어'를 말하고, '친구의 언어'를 들어봅시다	학교 6 학년 1반 이름 ( )

◆ 「황금 사과」 이야기 문장 속 단어를 '나의 언어'로 바꿔봅시다.

① "얘기 들었어? 사과나무에 황금 사과가 열렸대!" (   )

② 할 수 없이 사람들은 모여서 의논을 했어. (   )

③ 사람들은 이제 담을 쌓기 시작 했어. (   )

④ 어느날, 한 꼬마 아이가 물었어. (   )

⑤ "쉿 아가야! 절대 저 담 옆에 가면 안 돼. 저 담 너머에는 심술궂고 못된, 아주 나쁜 사람들이 산단다." (   )

⑥ 아이의 눈에 보인 건 공을 가지고 즐겁게 노는 아이들이었어. (   )

⑦ 아이는 친구들에게 다가가 말했어. "얘들아 안녕, 내 이름은 사과야. 너희 이름은 뭐야?" (   )

다중언어수업 활동지

다중언어수업 학생 정답 공유 화면

채 듣고 유추해 본다. 그리고 친구들은 학생이 작성한 글을 태블릿 PC를 통해 번역하여 자신의 언어로 그 단어가 '사냥'이라는 것을 확인한다. 여러 언어가 오가는 수업이기 때문에 번역기를 활용하기 위해 디지털 기기로 수업을 진행했다. 교사가 정답을 한국어로 말해 줘도 학생들은 이해하지 못하고, 교사 또한 학생들의 언어를 알지 못하므로 학생이 학급 플랫폼에 자신의 언어로 정답을 올려 주면, 각자 그 단어를 자신의 언어로 번역해서 이해하는 방식으로 수업을 진행했다.

수업을 진행하면서 학생들은 언어 간의 공통점이나 친구의 언어의 특징을 경험할 수 있었다. 태국어나 크메르어 같은 언어는 대부분 끝을 길게 발음하는 특징이 있었고, 다른 언어의 친구들이 이 억양을 따라 하면서 웃음과 즐거움을 공유했다.

다중언어수업 학생 활동 장면

또한 학생들은 한국어를 포함한 3가지 언어를 번역기를 통해 자유롭게 사용했다. 예를 들어, 러시아 학생의 정답(러시아어)을 태국 학생이 자신의 언어(태국어)로 번역해서 이해한 후, 이를 다시 한국어로 번역하여 교사인 나에게 소통하는 모습이다. 번역기를 활용하여 언어의 벽을 넘어 자유롭게 소통하고 있는 학생들을 관찰하며, 번역기 활용은 부정적인 것이 아닌 언어 활용 능력의 한 형태라는 것을 깨달았다.

"번역기 활용은 cheating이 아닌 skill이다!"

이 수업에서는 모든 학생에게 친구들이 자신의 발표를 주의 깊게 듣고 따라 말하며 자신의 모어에 관심을 기울이는 시간을 마련해 준 점이 의미 있었다. 그동안 소수 언어 학생들은 자신의 언어를 이해하는 사람이 없어서 학교에서 모어를 거의 사용하지 않았는데, 누구도 이해하지 못하더라도 자신의 언어를 자신 있게 이야기할 수 있어서 좋았다는 한 학생의 소감이 인상적이었다.

친구의 언어에 관심을 높일 수 있었던 이 수업은 사실 지식적인 측면에서는 큰 효과가 없었다. 다양한 언어가 함께 있는 교실에서만 가능하다는 한계점도 분명하다. 다양한 언어를 수업 시간에 활용해야 하고, 이 언어들을 교사가 다 알지 못하기에, 다중언어를 소재로 하는 수업을 성공적으로 진행하기 위해서는 교사가 철저한 준비를 해야 한다.

하지만 교실에서 학생들이 다양한 언어를 자연스럽게 활용할 수 있다는 그 자체의 분위기에서 많은 학생들의 행복함을 느낄 수 있었다. 비록 교사가 원하는 대로 수업을 진행하지 못하였더라도 학생들이 허용적인 분위기에서 각자의 언어를 자유롭고 자신 있게 사용했다면, 그 자체로 성공적인 수업이라고 스스로 만족했다.

수업을 실행하는 동시에 평소 교실에서 나의 불평등한 언어 사용 습관도 개선하려 노력했다. 이전에는 숙제를 내주면서 "숙제, 숙제"라고 말하거나 "homework"라고 영어로 이야기했었다. 그러나 이를 러시아어, 태국어, 크메르어, 페르시아어 등 학생의 언어로 '숙제'를 한 번씩 언급해 주려 노력했다. 교사가 모든 학생의 언어를 사용함으로써 학생들에게 이 교실이 언어적으로 평등한 환경임을 느끼게 해 주고 싶었다.

처음에 나는 학생에게 아침 인사나 헤어질 때 인사를 그 학생의 언어로 잘 말해줬다. 하지만 언어가 다양해서 모든 것을 외우는 데에는 한계가 있었다. 어떤 학생의 언어를 기억하지 못할 때 학생의 얼굴을 보고 지긋이 웃으면, 그 학생도 환하게 웃으며 자신의 언어를 내게 알려 주었다. 이렇게 조금씩 학생의 언어를 배우고 사용해 나감으로써, 교실 안에서의 언어적 평등을 실제로 실천해 나갔다.

다문화사회로의 발걸음, 인식의 변화가 필요한 때

나는 특별한 학교에 근무하며 특별한 경험을 하고 있다. 한국에 살면서도 마치 세계 각국에서 한국어를 가르치고 있는 것처럼 느껴진다. 현재 내가 경험하고 있는 다문화 학교의 단편적인 장면은 머지않아 모두가 보고 느끼는 우리 모두의 사회의 모습이 될 것으로 보인다. 인천의 한 초등학교는 1학년 신입생 중 이주 배경 학생의 비율이 50%를 넘어섰다. 이주 배경 학생 비율이 점차 증가하고 한국 학생들은 줄어들면서, 결국 신입생의 절반 이상이 이주 배경 학생이 된 것이다. 그 인근의 한 초등학교 병설 유치원생은 모두 외국인 학생이다. 이와 같은 이주 배경 인구의 증가 현상을 '출산율 0.5의 대한민국'에서 긍정적으로 보는 사람도 있고, 한국인이 아니면 문제를 일으킬 소지가 많다는 이유로 마냥 배타적이고 부정적인 시선을 갖는 사람들도 있다. 그리고 대부분은 주변에 이주 배경 인구가 없다는 이유로 그저 무관심하다. 내가 난민에 대해 무관심했지만 결국 난민 학생을 만나 관심을 두게 된 것처럼, 아직 다문화사회를 경험하지 않은 사람들도 언젠가는 새로운 사회를 마주쳐 이해하려는 노력이 필요할 것이다. 다문화사회의 다양성과 상호 이해는 미래 사회에 필수적인 가치가 될 것이며, 이러한 변화에 대한 관심과 이해가 더욱 필요한 시점이라고 생각한다.

공교육 현장은 이미 다문화사회에 대비하여 움직이고 있다. 다문화교육에 예산을 투입하여 다문화 센터 운영, 이주 배경 학생 상담, 다문화 이해 교육 등을 진행하고 있다. 특히 이주 배경 학생이 많은 지역에는 '한국어 학급'이라는 이름으로 한국어가 미숙한 학생들에게 언어 지원을 제공하고 있다. 그러나 이주 배경 학생 수는 지원 제공보다 빠른 속도로 늘어나고 있다. 다수 언어(러시아어, 베트남어, 중국어 등) 학생에게 지원이 편중되고 소수 언어 학생에게는 지원이 부족하다는 문제도 있다. 현재 많은 학교에서 '피부색의 차이를 이해하자', '부모의 나라가 꼭 한국이 아닐 수도 있다' 등 단편적인 문화 이해 교육이 이뤄지고 있지만, 이러한 교육이 '언어'를 포함한 각 나라에 대한 포괄적인 '국가 이해 교육'으로 확장되어야 할 필요성이 있다. 그러한 변화는 보다 포괄적이고 다양한 관점에서의 문화 이해 교육을 통해 학생들이 서로를 더 깊이 이해하고 존중할 수 있는 평등한 환경을 조성하는 데 도움이 될 것이다.

다문화교육에서 피부색과 문화 차이를 이해하는 것과 더불어 '언어'에 대한 이해도 중요하다. 다양한 언어를 평등하게 다루고 지도하는 것은 다문화사회에서 핵심적인 과제 중 하나이다. 다문화사회가 된 우리나라가 영어에 대한 집착을 버리고 다양한 언어를 받아들일 수 있을지, 학교에서 영어와 다른 언어를 평등하게 지도할 수 있을지 의문이다.

우리 사회에서는 학습할 언어를 선택할 때 경제적인 측면을 고려하는 경향이 있다. 영어는 경제적 이득이 크기 때문에 다른 언어보다 우선순위가 높다. 현재 우리나라는 영어에 대한 집착이 크며, 영어는 대학 진학이나 취업 등에 필수적으로 여겨지고 있다. 반면 영어 외의 다른 언어에 대한 교육은 경제적 이득이 적어서 상대적으로 소홀한 편이다. 이러한 특성이 다문화교육에서 다양한 언어에 대한 평등한 대우를 어렵게 만든다. 경제성이 없는 언어에 대한 학습 요구는 현재도 앞으로도 적을 것이다. 그렇기에 언어에 대한 사회의 요구 조건이 바뀌어야 비로소 평등하게 모든 언어를 마주할 수 있는 다중언어사회로 나아갈 수 있지 않을까 기대한다. 다문화사회로의 작은 발걸음은 평등한 언어 사용에 대한 인식의 변화일 것이며, 개인들이 조금씩 바꿔 나가다 보면 결국 사회 전체의 인식을 바꿀 수 있다고 생각한다.

강인성 말은 통하지 않아도 마음은 기가 막히게 통하는 교실. 그 안에서 매일 언어 너머의 세계를 배운다. 다양한 배경을 지닌 아이들과 함께한 시간들이 어느새 나를 '다문화 교육'이라는 새로운 길로 이끌었다. 지금 나는 이주배경 학생들을 품은, 여러 언어가 공존하는 교실을 향해 걸어가는 중이다.

8

내가 너를 이해하기 위해서

이신영 서울 도림초등학교

이주 배경 학생들이 긍정적인
분위기에서 자신의 역량을 마음껏
펼치며 우리 사회에 도움이 되는
일원으로 잘 정착하기를 바란다.
다양한 문화와 다중언어 사용자에
대한 우리의 관심과 이해가 깊어질수록
우리 사회가 품을 수 있는 인재도
많아지리라는 믿음을 가지고 오늘도
우리 반 친구들에게 따뜻한 응원의
한마디를 건넨다.

우리가 매일 사용하는 한국어와 초등학생 때부터 열심히 공부한 영어, 그리고 그 외의 많은 외국어. 사람들의 무의식에는 언어의 위계가 있고, 이로 인해 언어에 따른 권력도 생긴다. 이는 내가 한 사회의 외국인일 때 뼈저리게 느낄 수 있는데, 만약 그런 상황을 경험해 보지 못했다면 평생 모른 채로 살아갈 수도 있을 것이다. 나는 중국 유학이라는 경험을 통해 외국인 입장도 경험해 보았고, 약 10년의 교직 생활에서 매해 적지 않은 이주 배경 학생들을 만나며 언어로 인해 소외당하는 아이들을 보았다. 나 나름대로는 이주 배경 아이들에게 용기를 주기 위해 노력했는데, 지금 생각해 보면 안쓰러웠던 친구들에 대한 개인적인 응원 수준이었다.

그러던 중에 서울교육전문대학원의 장은영 교수님의 초대로 나와 비슷한 경험을 가진 또는 이주 배경 학생이 많은 학교에서 근무하는 선생님들과 다중언어교육을 위한 실행공동체를 만들고 여러 차례 모임을 가졌다. 이를 계기로 다문화 학급의 교사가 가지는 여러 고민도 함께 나누고, 조언을 얻기도 했던 유익한 시간이었다. 또, 나의 과거를 돌아보며 내가 왜 이주 배경 학생들에게 더 마음이 쓰였는지도 자연스럽게 이해하게 되었다. 이 글을 통해 많은 사람이 사회 속 다중언어 사용자에 대한 이해를 높이고, 다중언어 사용자들이 더 많은 지지와 격려 속에서 생활할 수 있기를 바라는 마음이다.

외국어에 관심이 많았던 아이

나는 어렸을 적부터 '외국어'에 관심이 많았다. 특히 영어 공부를 굉장히 좋아했는데 그 이유는 정확히 기억나지 않는다. 아마 원어민 선생님과 영어로 자유롭게 의사소통하고 싶다는 욕구가 가장 컸으리라 생각하고, 영어를 잘하는 사람을 보면 마냥 멋있다고 느꼈기 때문인 것 같다. 언니로부터 받은 영향도 크다. 언니가 대학에 입학하고 나와 남동생에게 미국 드라마를 보여 주었는데, 주말이면 언니 노트북으로 새벽 3~4시까지 《프리즌 브레이크 시즌

1》을 보다가 잠들었던 행복한 기억이 있다. 고등학생 때는 미국 드라마가 어찌나 재밌던지, 자주 나오는 대사들은 자연스럽게 외워버려서 가족들과 이야기할 때도 써먹곤 했다. 그래서 그런지 학창 시절 내내 영어 시간을 가장 좋아했고, 영어 공부는 해도해도 질리지가 않았던 것 같다.

나의 외국어 갈증이 영어로는 완전히 해소되지 않았는지 중국어와 일본어도 짬짬이 공부했다. 고등학생 때는 제2외국어로 일본어를 공부했고, 대학생 때는 중국어를 공부하여 중국어 자격증 HSK 4급을 취득했다.

북경사범대에서의 첫 유학 생활

어렸을 적부터 외국어에 관심이 많았기 때문에 자연스럽게 해외여행이나 해외 생활에 대한 환상도 있었다. 대학생 때는 자매학교인 미국 오하이오주의 핀리 대학교University of Findlay에서 2달 정도 교육을 받고 미국 초등학교에 수업 실습을 나가는 프로그램에 참여했었고, 임용고시에 합격한 후에는 3개월 정도 혼자서 유럽 여행도 다녀왔다. 또 해외 여행을 가면 꼭 그 나라의 언어로 소통하려고 했고, 교사가 되고 나서도 외국 학교에 파견 나가는 것에 항상 관심이 있었다.

그러다 당시 재학 중이던 서울교육전문대학원의 캠퍼스 아시아 사업으로 1년간 중국의 북경사범대학교에 교환학생을 가게 되었다. 내 인생 처음으로 긴 기간 동안 해외에서 지낼 수 있어서 굉장히 설렜는데, 막상 중국에 도착해서 현지인들과 대화하려니 긴장해서 그런지 간단한 숫자조차 알아듣기 힘들었다. 그래도 현지에 살며 중국어를 공부하고 실생활에 바로 사용하니 언어가 금방 늘어 일상 생활에는 큰 무리가 없었다.

하지만 중국인 학생들과 석사 과정 수업을 듣는 것은 몹시 힘들었다. 당시 북경사범대의 석사 과정을 수강하기 위해서는 HSK 5급 이상이 필요했는데(HSK는 1급부터 가장 높은 단계인 6급까지 있다), 나는 5급이 있었음에도 수업 시간 중 교수님 말씀이 70~80% 정도밖에 이해되지 않았다. 과제도 매주 있었는데, 중국어로 열 페이지가 넘는 과제를 작성하는 것은 나에게 도저히 불가능한 일이었다. 그래서 유학생 사무실 담당자와 상의하여 중국어 수업은 2강좌만 '참관생' 자격으로 신청하고, 100% 영어로 수업을 진행하는 인터내셔널 과정(유학생 과정)에서 학점을 모두 받기로 결정했다.

중국어로 진행하는 대학원 수업 중 기억에 남는 순간이 몇 개 있는데, 가장 강렬했던 것은 첫 시간이다. 첫 수업 시간에 모두가 자기소개를 했는데, 차례가 되면 자리에서 일어나 간단하게 어느 지역에서 온 누구(이름)인지를 말하고 인사말을 해야 했다. 처음에는 나 혼자 외국인이니까 특별한 것 같기도 해서 순서가 기다려지

다가 나중에는 몹시 긴장되고 떨렸다. 당시 내 나이가 27살이고, 한국에서 교사로 4년 가까이 일했던 시점이라 사람들 앞에서 말하는 일은 숨 쉬듯 하는 일이었는데도 그 순간만큼은 어딘가로 도망가고 싶었다. 내가 뭐라고 말해야 할지 중국어로 아는데도 틀리게 말할까 걱정되고 점점 자신이 없어져서, 옆에 앉은 중국인 친구에게 이렇게 말하는 게 맞는지 계속 물어봤던 기억이 난다. 결국 내 차례가 되었을 때는 엄청 짧게 나는 한국 서울에서 왔다는 것과 이름만 말하고 자리에 앉았는데 다들 나를 신기하게 쳐다봐서 약간 부끄럽기도 했다. 한국에서 대학도 나오고 직장도 번듯하게 있는 내가 이렇게까지 떨 일인가 싶어서 스스로 생각하기에도 어이가 없었지만, 낯선 상황에서 한국어가 아닌 중국어로 온전한 나를 소개할 수 없는 답답함과 남들이 나를 어떻게 볼지 모르는 불안감에 더욱 긴장했던 것 같다.

그 뒤로도 중국어 석사 과정 수업을 계속 듣기는 했지만, 수업 내용도 잘 이해하지 못했고 과제를 해 올 형편(실력)도 아니라 약간 투명인간처럼 지내다 왔다. 같은 수업에 러시아에서 온 친구도 있었는데, 그 친구는 중국어를 원어민 수준으로 잘해서 교수님이 중국과 러시아 교육의 차이점을 물어보면 중국어로 유창하게 대답했다. 주변에서 아무도 뭐라고 하진 않았지만 나는 그때 부끄러운 감정을 느꼈다. 중국인처럼 생겨서 중국어를 당연히 잘해야 할 것 같은 나는 중국어를 못하고, 서양인처럼 생겨서 중국어를 당연히 못할 것 같은 러시아 친구는 중국어를 유창하게 잘하니, 스스로가 부족하게 느껴졌던 것 같다. 지금 생각해 보면 내 편견이 나 자신을 더 힘들게 만든 셈이었다.

그 외에도 교수님의 설명을 온전히 이해하지 못하니 수업이 정말 지루했고, 스스로가 무능력하게 느껴져서 같은 반 친구들과 말도 많이 하지 않았다. 당연히 친구도 거의 사귀지 못했는데, 처음에는 친구들이 도와주려고 하다가도 내가 과제도 안 하고 소극적으로 지내니 자연스럽게 멀어졌다. 이러한 과정 중에 그동안 가르쳤던 몇몇 이주 배경 학생들이 떠오르며 나는 그 친구들의 소극적이고 위축된 태도가 이해되었다.

북경사범대의 인터내셔널 과정도 쉽지는 않았지만, 영어는 어렸을 적부터 꾸준히 공부했기 때문에 큰 어려움 없이 수업을 들을 수 있었다. 이 수업을 듣는 친구들은 아프리카 출신이 제일 많고, 그 뒤로 동남아, 파키스탄, 남미, 그리고 소수의 미국 학생들도 있었다. 아프리카 학생이 많은 이유는 중국이 아프리카에 인프라 구축뿐 아니라 인재 양성에도 투자를 많이 하고 있어서였고, 그래서 전부 국가 장학생 자격으로 온 친구들이었다. 아프리카는 영어가 공용어인 국가가 많아서 대부분 영어로 수업을 듣는 것이 아주 편해 보였다. 나는 영어를 듣고 말하는 데 어려움은 없지만 아무래도 한국말처럼 속 시원하게 하지는 못하고, 논문을 읽고 온전히 이해하는 데도 시간이 꽤 걸렸다.

한 번은 과제를 제출하고 나서 교수님이 개별 피드백을 주셨는데, 미국인 친구가 문헌을 조사한 양과 내 것을 비교하며 나보고 문헌 조사가 빈약하다고, 앞으로는 더 많이 조사하라고 하셨다. 그때는 정말 영어가 모어인 친구들이 너무 부러웠다. 한국어였다면 그 정도 문헌 조사는 나도 당연히 할 수 있는데, 교수님은 내가 외국인이라고 전혀 봐주지 않으시는구나! 라고 생각했다. 또 모든 수업이 영어로 진행되다 보니 수업 시간에는 미국에서 온 친구들이 제일 자신감이 넘쳐 보였고, 교수님까지도 그 친구들의 의견을 더 귀 기울여 듣는 느낌이었다! 대단히 의미 있는 의견이 아닌 일반적인 발언에도 모두가 집중하는 분위기에 괜히 심술이 나기도 했고, 나는 더 좋은 의견이 있음에도 자신있게 말하지 못하는 좌절감에 기분이 안 좋았던 적도 있다. 그런 마음을 나만 느낀 것이 아니었는지, 수업을 마치고 비슷한 처지의 친구들과 영어 때문에 우리가 할 말을 다 못한다며 답답한 심정을 하소연하고 서로 위로하며 친해지기도 했다.

그 외에도 명백하게 보이는 것은 아니지만, 내 영어가 원어민만큼 유창하지 못해서 은근히 배제되거나 무시당하는 듯한 기분도 몇 번 들었다. 그때는 속으로 얼마나 화가 나던지, 한국에서는 항상 영어를 잘한다는 소리를 들으며 살았던 내가 절대 따라잡을 수 없는 원어민 영어와의 수준 차이를 처절하게 느꼈다. 또 발표날만 되면 많이 긴장했는데, 나의 영어 실력 때문에 내용이 온전히 전달되지 못하거나 나의 표현이 듣는 이에게 어색하게 들릴까 걱정했던 것 같다. 가끔 수업 시간에 의견이나 질문이 있어도 영어로 말하는 것이 부담스러워서 한국에 있을 때보다 훨씬 더 소극적으로 수업에 참여했고, 기숙사로 돌아오고 나서야 '아! 그때 그렇게 말할 걸……!' 하는 일들이 잦았다.

그래서 그런지 나는 태국과 캄보디아에서 온 친구들과 동병상련을 느끼며 아주 친해졌는데, 나처럼 영어를 제1외국어로, 중국어를 제2외국어로 배운 친구들이라 대화뿐만 아니라 마음도 잘 통했다. 우리는 영어로 의사소통하다가 중국어 단어(식당 이름이나 학교 시설물 등 특정 대상)를 문장 곳곳에 넣어서 대화하기도 했고, 각 나라에만 있는 단어들(목욕탕, 솜땀 등)을 서로 알려주어 함께 쓰기도 했다. 지금은 정확하게 어떤 문장이었는지 기억나진 않지만, 뭔가 영어, 중국어, 한국어와 태국어를 섞어 웃긴 개그도 하면서 재밌게 지냈다. 수업도 많았고, 한 수업당 최소 2편의 소논문을 써야 해서 학생들을 가르치는 일만큼이나 힘들었던 시기였지만 그 친구들이 있었기에 서로 의지하며 잘 지낼 수 있었던 것 같다.

초등학교 교실 속의 이주 배경 학생들을 가르치며

북경에서의 치열했던 1년이 지나고, 나는 다시 초등학교로 돌아왔다. 발령 첫해를 제외하고는 계속 서울 남부교육지원청 소속의 초등학교에서 근무하면서 상당히 많은 수의 중국계 이주 배경 가정 학생들을 만났다. 그중에는 당연히 한국인이라고 생각할 정도로 한국어를 잘하는 학생도 많았고, 한국어를 어색하게 하는 학생, 한국어를 아예 못하는 학생도 있었다. 아무래도 중국 유학 전후로 내가 이주 배경 학생을 대하는 태도가 달라진 건 사실이다. 그 친구들의 마음을 좀 더 이해하게 되었다고나 할까.

다른 나라에서 한국어를 거의 모른 채 지내다가 한국의 초등학교에 전입했다고 해도 본인의 의지에 따라 한국어는 6개월에서 1년 새에 크게 발전할 수 있다. 그런데 누적된 무기력 때문에 한국어 실력이 좀체 늘지 않는 친구들도 간혹 있어서 그런 학생들을 만나면 마음이 아프다. 그래서 나는 학기 초에 우리 반에 이주 배경 학생이 있다고 하면 내심 기쁘기도 한데, 이유는 그 친구들의 마음을 잘 알 것 같기도 하고, 내가 도움을 줄 수 있지 않을까 하는 기대감도 있기 때문이다.

올해 우리 반에는 한국에 1학년 때 와서 현재 5학년인데도 한국어가 어눌한 민환이라는 친구가 있다. 한국어를 읽는 것도 잘 안 되니 거주 기간에 비해 한국어가 정말 많이 늘지 않은 경우이다. 관찰해 보니 평소 무기력하고, 부주의한 태도 때문에 친구들과도 잘 지내지 못하고, 가정에서도 계속 중국어를 사용해서 한국어가 늘 틈이 없어 보였다. 수업 시간 중 책 읽기를 할 때도 한참 뜸을 들인 후 아주 느리게 읽고, 미리 연습을 시켜도 자신감 없는 조그만 목소리로 읽는다. 또 자기 생각을 말하거나 쓰는 활동은 거의 하지 않았다. 그런데 체육 시간에 게임 규칙을 설명할 때는 어찌나 찰떡같이 잘 알아듣는지 따로 설명해 주지 않았는데도 자연스럽게 참여했다. 자세히 살펴보니 한국어로 듣기는 거의 90% 이상 정확하게 하는 것 같았다. 그래서 일부러 수업 시간에 발표도 많이 시키고 했는데, 어느 날 민환이가 머뭇거리며 잠시 뜸을 들이자 옆자리 친구가 "선생님, 민환이는 한국어를 못 해서 작년에는 발표 안 했어요."라고 했다. 나는 그 친구에게 알려 줘서 고맙지만 민환이는 선생님이 하는 말을 대부분 다 알아들을 수 있고, 속에 생각과 의견이 있지만 한국어로 말하는 것이 어려울 뿐이니 기다려 주면 된다고 말해 주었다. 민환이가 한국어로 말을 하는 것이 어렵고 그 순간을 그냥 넘기고 싶은 마음은 누구보다 잘 알지만 계속 발표에서 배제되면 이 교실에서 진짜 투명인간이 되어 버릴 것 같아 수업 시간에 더 참여시키려고 했던 것 같다.

그러던 어느 날, 민환이와 남아서 공부를 하다가 도저히 한국어로 소통이 안 되어서 중국어로 궁금한 점들을 물어봤다. 그리고 선생님도 중국어 할 수 있으니 필요하면 중국어로 말하라고 했더니 아이가 반신반의한 표정으로 나를 쳐다봤다. 내가 중국어를 얼마나 할 수 있는지 몰라 편하게 말하지 않는 것 같아서, 내가 먼저 중국어로 길게 몇 문장을 말했다. 그러자 민환이의 표정과 목소리,

몸짓이 갑자기 변하면서 자신 있게 중국어로 말하기 시작했다. 평소에는 큰 덩치에도 구부정한 자세로 앉아서 모기 목소리로 이야기하는 친구가 중국어로 말하니 어깨도 쫙 펴고 표정과 목소리에도 자신이 넘쳐났다. 심지어 나에게 칠판의 날짜도 바꿔야 한다는 등, 이것저것 우리 반 교실에 대한 자기 생각을 말하면서 엄청 똑 부러진 모습까지 보였다! 그때 나는 이 친구의 진짜 모습을 보는 것 같았고, 한국에서의 학교생활이 얼마나 힘들었을까? 하는 생각도 들어 참 안타까웠다. 그 뒤로는 선생님의 중국어 실력보다 너의 한국어 실력이 더 뛰어나니 너는 정말 대단한 사람이라는 말을 많이 해주었다.

물론 이 친구를 마음으로 이해했다고 해서 가르치는 일까지 쉬운 것은 절대 아니다. 한 교실에서 20명 이상의 학생을 가르치는 교사 입장에서 한국어가 안 되는 친구를 계속 신경 써야 한다는 것은 굉장한 스트레스다. 가장 바람직한 것은 이주 배경 학생들 스스로가 의지를 갖고 열심히 수업에 따라오고, 선생님들은 이주 배경 학생들의 가능성과 잠재력을 기대하며 함께 시너지 효과를 내는 것인데 이 둘 다가 안되어서 무기력에 빠진 몇몇 학생들은 처치 곤란의 느낌을 지우기 어렵다. 사실 나도 어느 수준이 넘어가면 자연스럽게 민환이를 배제하고 수업을 진행하게 되는데, 민환이의 힘든 마음은 알지만 나에게는 민환이와 똑같이 소중한 나머지 학생들이 있기 때문이다. 수업 중에 개인적으로 민환이에게 설명을 해주다가도 정해진 활동 시간이 지나면 다음 진도를 가르쳐야 하기에 민환이 스스로가 더 열심히 참여하지 않는다면 같은 반 친구들과 차이는 계속 벌어지게 된다. 그래도 개인적인 유대는 놓치지 않으려고 민환이와 방과 후에 남아서 대화도 하고 보충 학습도 하지만, 지금까지 누적된 무기력한 태도를 바꾸는 것은 정말 어렵다.

다문화교육을 전공했고, 유학 생활을 하며 외국인의 입장이 되어 억울하고 불편한 감정을 느꼈던 나도 매일 어떻게 해야 할지 고민하고 있다는 이야기를 하고 싶은 것 같다. 중요한 것은 내가 다문화교육을 공부하기 전에는 그 아이들이 아무 말도 하지 않고 가만히 있는 것이 답답하고 이해되지 않았다면, 지금은 나도 같은 입장이 되면 비슷하게 행동할 가능성이 크다는 것을 마음으로는 알고 있다는 점이다.

내가 교실에서 만나는 이주 배경 학생들은 나에게 좌절의 쓴맛을 주기도 하지만 놀라움과 기쁨을 선사하기도 한다. 어느 해에는 우리 반에 한국어가 서투른 이주 배경 학생이 유독 많았던 때가 있었다.

어느 날 모둠을 뽑기로 바꿨는데 마침 이주 배경 학생들끼리 한 모둠이 되었다. 나는 속으로 걱정이 되었지만, 일단은 뽑기에서 나온 대로 지내 보기로 했다. 그리고 국어 시간이 되었다. 그날은 교과서의 이야기를 역할극으로 꾸며야 했는데, 자기들끼리도 무척 걱정하는 분위기였다. 그러나 마지막에 가장 큰 박수를 받은 모둠은 바로 이주 배경 학생들끼리만 앉았던 모둠이었다.

이주 배경 학생들은 말로 모든 것을 설명할 수 없으니 표정과 몸짓, 말투를 활용해 사실적으로 연기하려고 했고, 장면 속의 여러 소품을 만들어서 이야기 속 상황과 최대한 비슷하게 꾸몄다. 당시 역할극으로 표현했던 『사라, 버스를 타다』라는 이야기에는 주인공인 사라와 버스 기사, 경찰, 마을 사람들이 나오는데, 버스 기사 역을 맡은 친구는 한국어를 거의 못 했다. 이 친구는 쿠킹 호일로 버스의 핸들(소품)을 만들고, 버스가 멈추거나 움직일 때의 소리를 실감 나게 표현했다. 대사는 거의 없었지만 역할극을 보는 관객들은 그 친구가 버스 기사 역할이라는 것을 충분히 잘 알 수 있었고, 장면 중간중간에 대사(말) 대신 화난 표정이나 근엄한 몸짓으로 버스 기사의 감정을 잘 표현하였다. 다른 모둠은 대본을 쓰고 외우는 것에만 집중해서 그런지 실제로 관객이 보는 장면은 꼿꼿하게 서서 대사만 읊는 모양새라 이주 배경 학생들의 역할극이 훨씬 더 역동적이고 재미있었다.

나도 처음에는 걱정했지만, 이주 배경 학생들이 포기하지 않고 역할극을 훌륭하게 꾸며 주어서 큰 감동을 받았다. 그 뒤로는 다른 모둠들도 역할극을 할 때면 소품을 만들고 표정과 몸짓을 더 많이 사용하는 등, 서로의 차이가 학급 전체에 긍정적인 영향을 주었다.

다중언어교육으로 나아가기 위한 발걸음

이렇게 내 교실에서 만나는 학생 중 마음이 가는 친구들에게는 개인적으로 응원의 말을 해 주기도 했지만, 반 전체 학생을 대상으로 다중언어교육을 해야겠다는 생각은 하지 못했다. 매년 의무적으로 해야 하는 다문화교육도 보통은 다른 나라의 문화를 이해하고 체험해 보는 시간에 그친다.

그러다 다중언어교사 실행공동체 모임을 하며 다중언어주의와 다중언어교육에 대해 알게 되었고, 교수님의 강의를 들으며 불명확한 부분들에 대해 정리해 나가는 시간이 참 유익했다. 또 다중언어교육을 위한 수업도 계획해 보았는데, 나는 외국에서 언어로 인해 어려움을 겪었던 경험을 우리 반 아이들도 느껴보면 좋겠다는 생각으로 수업 구상을 시작했다. 예를 들면, 마카오로 여행을 갔는데 버스 표지판이나 안내 문구가 포르투갈어로 적혀 있어서 난처했던 경험이나 내가 외국에서 영어로 수업을 들으며 느꼈던 여러 감정을 우리 반 친구들도 느껴 보면 어떨까 생각했다. 학교 교육과정을 따라가느라 바빠서 프로젝트 형태의 여러 차시 수업은 힘들었다. 그래서 일회성으로 언어 다양성의 소중함을 이해하기 위한 수업을 하였는데, 직접 체험하는 내용이 부족해서인지 학생들이 생각보다 흥미로워하지 않아서 아쉬웠다. 다중언어 수업을 위해서는 좀 더 많은 준비가 필요할 것 같고, 다중언어의 상황을 학생들이 직접 경험해 보기가 쉽지 않으니 그림책이나 영상 자료 등을 더 많이 활용하면 좋았겠다는 생각도 들었다. 이 외에도 다중언어 실행공동체를 하며 우리 학교와는 또 다른 특성의 다문화 학교 이야기를 많이 들을 수 있었는데, 학교마다 수업의 양상이 서로 달라서 신기하고 흥미로웠다.

나가며

우리 사회는 이제 '다문화사회'라는 말이 무색할 정도로 여러 배경을 가진 사람들이 사는 삶의 터전이 되었고, 학교 현장에서도 이주 배경 학생을 만나는 일이 굉장히 흔해졌다. 이런 상황에서 이주 배경 학생을 마주해야 할 선생님들의 고민을 알고, 나도 여전히 고민이 되는 부분이 많다. 교실의 상황은 모두 다르겠지만 나의 경험과 다중언어 실행공동체를 통해 알게 된 것을 말하며 이야기를 끝맺으면 어떨까 싶다. 단순히 학교 내의 선생님들뿐만 아니라 사회에서 외국인을 비롯한 이주 배경 가정과 어우러져 살아가는 여러 사람에게 해 주고 싶은 말이기도 하다.

첫 번째, 다중언어 사용자 중 한국어가 힘든 학생은 평소 소극적인 편인데, 주변에서 따뜻한 관심을 보여 주시길 부탁드린다. 예전에 어떤 이주 배경 학생이 다른 학생에게 지속적인 폭력을 당했는데도 나에게 한 번도 말하지 않았던 적이 있었다. 뒤늦게 그러한 사실을 알고 나서 왜 선생님에게 진즉에 말하지 않았냐고 묻자 그 학생은 아무 말도 하지 못했다. 대체 왜 말을 하지 않고 계속 맞고만 있었는지 너무 답답하고 당시의 나로서는 도저히 이해가 가지 않았는데, 지금 생각해 보면 그 아이는 나에게 말을 거는 것 자체가 어려웠을 것이다. 교실에서 아무 말을 하지 않는 것이 익숙했기 때문에 힘든 일이 생겨도 가만히 있기를 택한 것이다. 그래서 나는 이주 배경 학생 중 조용한 친구들에게는 일부러 더 다가가고 사소한 이야기라도 말을 걸어서 네가 어떻게 말하든 선생님은 알아듣기 위해 노력할 것이라는 마음을 전하려고 노력한다.

두 번째, 다중언어 사용자들의 가능성과 잠재력을 기대해 주셨으면 좋겠다. 지금까지 근무한 학교의 이주 배경 학생들은 대부분이 중국계라 한국어가 어려운 경우 중국어로 대화가 가능한 적도 있었다. 중국어로 이야기하는 모습을 보면 다른 사람처럼 느껴지는 경우가 많아서, 이 친구들이 중국에서 공부를 했다면 많이 달랐겠구나! 하는 씁쓸한 마음이 들었던 적도 많다. 물론 내가 앞으로 만나는 모든 이주 배경 학생들의 모어를 다 구사할 수 있는 것도 아니고, 현장의 교사가 반드시 다른 나라의 언어를 잘해야 하는 것도 아니니 이런 경험은 특별한 경우라 생각한다. 그래도 주변에서 이주 배경 학생에게 관심을 기울여 주고, 그 학생이 잘하는 것이 분명 있다고 믿어주는 것은 아이들에게 알게 모르게 전달된다.

우리가 이주 배경 학생의 가능성과 잠재력을 기대하고 존중한다면 아이들이 좀 더 긍정적인 방향으로 성장할 것이라 믿는다.

세 번째, 수업 시간 중 한국어가 어려워서 활동에 참여가 어려운 경우, 몸으로 보여 줄 수 있는 경우는 직접 보여 주는 등 최대한 개별적으로 설명해 주는 시간을 갖는다. 아쉽지만 한국어가 쉽사리 늘지 않아서 아무리 도와줘도 한 학기 내내 별 변화가 없어 나도 좌절할 때가 많다. 그래도 선생님이 노력하면 아이들도 스스로 노력하고, 어느 정도 변화하는 모습을 보인다. 이처럼 주변의 따뜻한 관심, 가능성과 잠재력에 대한 기대, 소통을 위한 노력은 이주 배경 학생과 학급 전체에 긍정적인 변화를 이루어 낼 수 있다.

마지막으로, 나에게 작은 소망이 하나 있다면 수많은 이주 배경 학생들이 긍정적인 분위기 속에서 자신의 역량을 마음껏 발휘하며 신나게 학교생활을 하길 바란다는 것이다. 이를 위해 오늘도 나는 우리 반 친구들에게 따뜻한 응원의 말을 건넨다. 민환아! 네가 잘하는 것이 얼마나 많은데, 조금만 더 힘내보자! 화이팅!!!

이신영 예쁜 카페에서 인생샷 찍기, 여행 다니기, 책 읽고 감명받기를 좋아하는 저는, 아마도 평범한 어른입니다. 또, 우리 반 학생들이 신나고 편안한 마음으로 등교하기를 바라는 수다쟁이 담임 선생님이구요, 집에서는 한 아이와 매일 지지고 볶는 초보 엄마이자 사랑스러운 아내입니다.

9

평등한 교실로의 한 걸음

강현주 수원 천천초등학교

서로의 생각이 어우러지고 조정되는 모든 절차가 다중언어교육의 본질이라 할 수 있다. 따라서 학생들의 다중언어 경험은 세계의 다양한 사람들과 교류하는 시민으로서의 자질을 갖추는데 충분한 교육적 가치가 있다.

개학이 얼마 남지 않은 그날이 되면 어김없이 등장하는 제비뽑기의 시간. 올 한 해 맡게 되는 우리 반의 모습은 학급 배정표가 담긴 하얀 봉투를 짚는 의례에서 결정된다. 떨리는 손으로 봉투를 열고 발견한 세 글자, '다문화'. 이주 배경 학생이라는 단어가 낯선 때였다. 일순간 당황하여 굳어진 표정을 감출 수가 없었다. 배정된 학년에 각각 어머니가 러시아와 베트남 출신인 학생이 있다는 소식은 전해 들었으나, 설마 그 반이 내 반이 될 줄은 전혀 예상하지 못했다.

이주 배경 학생이 무려 둘이나 된다는 사실은 반갑고 설레는 일이기보다 무엇을 어떻게 준비해야 하나 하는 막연함의 벽 앞에 서 있게 만드는 일이었다. 비슷한 생김새, 같은 언어를 사용하는 학생으로 구성된 교실 풍경이 자연스럽고 당연하다 여겨왔기 때문이다. 이주 배경 학생의 수가 늘고 있다고는 하지만 특정 지역의 학교에서나 만나게 되는 남의 사례처럼 여긴 것이 안일했다. 교육기관 그 어디에서도 다문화교육 강의와 연수를 받아 본 적이 없던 터라 다문화교육 감수성과 전문 지식이 있을 리 만무했다. 단지, 위로가 되었다면 위기 학생을 돕기 위해 교내에 상주하는 사회복지사의 경험과 조언을 통해 두 학생의 가정 환경에 대한 이해가 다소 가능했다는 점이었다. 교육 시스템이 아닌 사회복지의 일환으로 말이다.

기억의 소환

'아이가 잘 해내려면 엄마가 한국어를 익히려는 노력을 더 열심히, 빠르게 하셔야 할 텐데.'

바쁜 학급살이를 해 나가며 제대로 두 학생을 돕지 못하고 있다는 부채 의식은 나를 강하게 짓누르기 시작했다. 그럴 때마다 빠르게 주류에 편입되지 못하는 두 학생의 장애 요인에 대한 원망, 특히 한국어가 능숙하지 못한 부모에 대한 불편한 감정이 일었다. 학부모 상담을 하려 할 때도, 개별 학습 지도를 하려 할 때도, 부모와의 소통이 제대로 되지 않았고 전문 기관의 중재를 받기도 힘들었기에 도무지 학습이 진척되지 않는 것 같았다.

성격이 밝은 지원의 꿈은 러시아와 한국을 모두 도울 수 있는 사람이 되는 것이다. 가끔 교실 복도까지 지원이를 데려다 주시는 지원이 어머니와 지원이가 대화하는 소리가 들려 귀를 기울이면 생경한 러시아로 재잘재잘 신나게 나누는 수다가 들리곤 했다. 교실 문을 열고 러시아를 못하는 담임교사와 한국어가 힘든 어머니가 어색한 미소를 지으며 인사를 나누는 사이에서 지원이는 통역사 역할을 하였다. 어린 나이였지만 이미 두 어른, 두 문화 사이에서 가교 역할을 하고 있었던 것이다. 하지만 한국어 읽기와 쓰기를 힘들어 했던 지원이를 볼 때마다 지원이의 발전을 저해하는 환경은 한국어에 빠르게 적응하지 못하고 있는 어머니라 생각했다.

과연 이러한 인식이 온당했을까?

준성이는 어머니가 베트남에서 오셨다는 사실만 알 뿐, 단 한 번도 부모님을 뵌 적도, 연락이 닿은 적도 없었다. 하지만 여러 학부모의 목격담을 통해 준성이의 부모님이 전신주에 몸을 감추고 먼발치에서 준성이가 교문을 통과해 등교하는 모습을 지켜보곤 한다는 사실을 접하게 되었다. 평상시에도 도움 받기를 싫어할 만큼 자존심이 강하고, 잘 못 해내는 부분은 완강하게 숨기고 싶어했던 준성이와 아이에게 해가 될까 자신의 모습을 감추는 부모님의 모습이 교차되었다. 교사로서 나는 구체적으로 무엇을 어떻게 도왔어야 했던 것일까?

지원이와 준성이, 그리고 서른 명 남짓했던 우리 반 학생 모두에게 함께 호흡했던 시간들은 어떻게 기억되고 있을까? 그리고 지금, 한국 사회 어디에서 어떠한 모습으로 두 아이는 살아나가고 있을까?

흔히 학교와 교실은 선행된 유토피아, 미래를 잉태하는 인큐베이터라고 한다. 나는 또다시 미안함으로 꿈의 공간을 얼룩 지우고 싶지 않았다. 내 기억 속에 가득했던 죄책감을 씻고자 다중언어교사 실행공동체 참여 제안에 선뜻 응하게 되었다. '국어=한국어'라는 단일언어 이데올로기가 확고한 우리 교실에서 다중언어교육이 갖는 의미는 무엇이고 어떻게 실천하며 적용할 수 있을지에 대한 물음은 다중언어교육을 위한 실행공동체에 참여하는 나의 가장 큰 숙제이자 동기였다.

장은영 교수님을 비롯하여 서울, 안산, 수원, 인천 각기 다른 지역에서 다문화교육에 다양한 이력을 갖고 있는 초등 현장의 선생님과의 만남은 고민을 나누고 배움을 더하는 오아시스와도 같았다. 정기적인 만남을 통해 생소했던 '다중언어주의', '다문화교육'에 대해 이해하게 되었고 서구권에서도 유럽과 북미에서 개념에 접근하는 방식과 인식이 다름을 깨닫게 되었다. 즉 외국 사례의 모방과 단순 이식이라는 의존적 방법으로는 우리가 서 있는 지점에서 올바른 해답을 찾기가 어렵다는 사실 말이다. 그야말로 '맥락'에 맞는 한국식 다중언어주의, 다문화교육이야말로 우리의 교육 현실에서 제기되는 문제들을 제대로 해결해 나갈 수 있다는 생각에 다다랐다.

이를 위해 우선 참여자 모두 본인의 아이덴티티를 이루는 삶의 궤적과 언어 경험을 되돌아보며 견고하게 잠재했던 감정들을 토해내고 다시 바라보기를 시작했다.

아이러니. 주류처럼 말하고 행동하기

"신기해요! 정말 제주도에서 나고 자라셨어요? 제주도 출신 선생님을 처음 만나서. 제주도 사투리 좀 해 주실 수 있어요?"

20여 년간의 제주 생활을 뒤로 하고 섬에서 뭍으로 상경하여 교직 생활을 이어가던 시기, 얼굴이 금세 달아오를 만큼 부끄럽고 불편하던 순간들은 늘 나의 출신지를 밝히는 순간 언어 정체성을 묻는 질문이었다. 상대방의 호기심 어린 질문에 유머러스하게 대처하며 상황을 자연스럽게 넘어갈 법도 하련만 이러한 질문들은 나에겐 언어를 통해 사회적 위치를 평가받는 확인 도장과도 같이 여겨졌다. 동물원의 우리 안에서 관람객의 웃음을 유발하는 신세로 전락한 것 같은, 그런 유쾌하지 않은 기분이 들 때마다 애써 미소를 지으며 대화를 얼버무리곤 했다. 열등감 때문이었을까. 사투리적 억양을 최대한 줄이고, 또박또박 힘주어 발음하고자 의식했던 노력들로 20년을 훌쩍 넘도록 익숙하게 사용했던 내 말의 입새는 어느새 지워져 있었고, 소위 딕션이 좋다는 주변 사람들의 피드백은 안도감을 주었다. 주류처럼 말하고 행동하기. 나의 의식에 깊숙이 자리 잡아 가고 있었다.

외국어를 배울 때의 모습도 별반 다르지 않았다. '정확함'의 굴레에서 벗어나기 힘들어 주눅이 드는 경우가 많았다. 유학을 다녀와서 원어민처럼 유창한 발음과 대화를 구사하는 동급생들을 보면 더욱 움츠러들기가 일쑤였고, 나의 노력이 부족하다는 자책감이 들었다. 새로운 언어에 접근하는 데 있어 '틀렸을 것이다', '잘못된 점이 있을 것이다'라는 잠재의식은 초등교사가 되어 원어민 교사와 영어 전담 수업을 진행할 때에도 뿌리 깊게 남아 영향을 미쳤다. 원어민 교사와의 대화 상황에서는 공식적이든 비공식적이든 우선 나의 영어 표현 능력의 부족함을 밝히며 상대방의 양해를 구한 뒤, 나의 의사가 제대로 전달되고 있는지 자주 묻곤 하였다. 특히 즉석으로 영어 발화를 해야 하는 경우의 압박감이 무척 강했다. 나름의 수단과 방법을 동원하여 의사소통을 계속 진행하고 있었음에도 불구하고 실패하고 있다는 불안감을 극복하기가 쉽지 않았다.

이렇게 일련의 언어 경험 속에 묻혀 있던 의식을 해체하고 그동안 취했던 인식과 말과 행동을 돌이켜 보면 '안쓰러운 아이러니' 그 자체였다. 상처받고 아파했던 경험을 개인적 문제로 치부하고 상대방, 특히 어린 학생들에게도 빠르게 '집단'으로 편입할 것을 강하게 요구하며 노력 부족을 탓하고 있었던 것이다.

나는 교사이면서 왜 언어 습득의 자연스러운 단계를 고려하지 않고 한국에 정착한 지 몇 년 지나지 않은 지원이가 쓰기와 읽기를 못 한다며 불편한 감정을 느꼈을까? 왜 러시아어와 한국어라는 이중언어 자원을 제대로 보존하고 두 언어 사이의 차이와 공통점을 고려하여 세심한 배려와 지도로 돕는 개별화 지원이 되지 않았을까? 지원이의 어머니는 사회로부터 제대로 정착 지원을 받고 있었을까? 교실과 가정을 잇는 체계적인 매개의 부재가 한 학생과 한 가정이 감당하기에 굉장한 시련의 요소가 아니었을까? 어린 학생이었던 준성이에게 있어 본인의 피부색이 대다수의 친구들과 다를 뿐 틀린 것이 아니라는 사실을 이해하기는, 부모의 언어와 모습을 남에게 드러내기는 혼자 감당하고 해결하기 벅찬 문제는 아니었을까? 위계에 따른 힘의 차이에 압도되고 있는 학생 앞에서 교사인 나는 어떻게 교실의 분위기와 문화를 만들어 나가야 했을까? 준성이가 정작 가장 필요로 했던 것은 도움을 받기만 하는 약자로서의 대우가 아니라 이 세상에 당당히 기여할 수 있다는 자신감과 효능감이 아니었을까? 두 학생 모두 '내가 잘못하거나 틀린 것은 아닐까'라는 열등감과 좌절에서 얼마나 해방될 수 있었을까? 학급 구성의 변인에 대한 고찰과 반성 없이 한 교사에게 던져 놓은 '운'에 의해 모든 것을 시작하고 책임지며 해결하려는 행정 편의주의는 과연 교육적인가? 한 개인, 한 가정, 한 교사의 차원을 넘어 교실을 살펴보면 교실 상황을 둘러싼 인식과 실제의 모습은 복잡다난하다.

다중언어교육은 교사와 학생 모두의 개성이 자유롭게 발현된 진솔한 '언어'가 만나 소통을 이루는 민주적 교실의 형태를 지향한다. 그렇기 때문에 다중언어교육은 다문화 학급과 이주 배경 학생만을 위한 특별한 수업 방식이 아니다. 나는 언어적으로는 균질적인 일반 학급의 학생들일지라도 다중언어 경험을 통해 '다름'과 '차이', '연결'과 '소통'의 개념에 접근할 수 있도록 수업을 디자인해 보기로 하였다. 학생들이 접하는 문제 상황과 개별 사례들이 일부에 국한된 문제가 아니라 실제로 '우리'가 함께 풀어 가야 하는 사안들임을 이해할 수 있도록 따뜻한 공감의 자세를 갖추길 바랐다. 이로써 다중언어 경험 그 자체가 다양한 갈등을 평화적으로 해결해 가는 방법의 일환이며, 우리가 살고 있는 터전은 이미 다양성에 기초한 세상이고, 각자가 본질적으로 이질적인 타자임을 깨달을 수 있기를 바랐다.

수업을 디자인함에 있어 다중언어 실행공동체의 조언과 격려는 큰 힘이 되었다. 5학년 학생들을 대상으로 인권의 개념에서 폭넓게 접근했던 초안은 실행공동체의 논의를 통해 구체적인 아이디어로 다듬어졌고, 활동 단계들은 다양하게 변주되고 점층되었다.

더불어 행복한 세상을 꿈꾸다

① 다중언어교육 제1편: 낯섦과의 부딪힘

우리는 얼마만큼 타인의 문화와 문화적 배경의 차이를 존중할 수 있을까? 첫 수업은 예고 없이 만나는 낯선 언어와의 부딪힘으로부터 시작되었다.

(아랍어로) 수업을 시작하겠습니다. 지금부터 이야기 한 장면을 들려줄 것이에요. 잘 듣고 선생님의 질문에 답해봅니다.

난데없는 교사의 언어 전환에 학생들 사이에서 일순간 동요가 일었다.

"네? 예?? 뭐예요?"

"외국어예요? 인도네시아어?"

나는 학생들의 반응에도 아랑곳하지 않고 연이어 아랍어 이야기를 들려주었다. 그런 다음 열심히 외운 아랍어로 다시 말을 이어갔다.

(아랍어로) 사람들이 왜 문을 닫았을까요? 누가 대답해 볼까요?)

"그게 무슨 말이에요?"

"뭐라고 하신 거예요?"

학생들은 어리둥절한 표정을 지었고, 교실은 이내 혼란스러워하는 학생들로 술렁였다. 갑자기 강제로 낯선 언어를 듣고 말해야 하는 상황에 처하자, 학생들은 '헷갈려요, 어려워요, 너무 혼란스러워요, 황당해요, 짜증나요, 화나요.'와 같이 당황스럽고 생소한 느낌을 토로하기 시작했다. 사후 수업 소감문에서 "아랍어를 들었을 때 다문화 가정 아이들이 이런 기분이구나 싶었다."라고 밝힐 만큼 학생들은 언어 소통의 부재와 낯섦의 어려움을 온몸으로 느꼈다.

고조된 분위기를 이어, 우리 반에 새 친구가 전학 온다고 가정한 몰입 상황을 연출하였다. 이내 새 친구의 성별이 무엇일지, 눈 색깔이 어떤지, 가족관계가 어떤지, 나와 어떤 공감대를 형성할 수 있을지, 호기심 어린 재잘거림으로 교실 대화가 가득해졌다. 부산에서 오는 친구이며, 부모님은 외국 국적을 가지고 있고 본인은 가출 경험이 있다는 힌트를 던지자 학생들은 저마다의 상상을 더해 갔다.

그리고 2008년에 MBC에서 보도한 뉴스를 통해 '노만'을 소개하였다.

> 자파르 노만, 11살 파키스탄 소년입니다. 초등학교 5학년. 파키스탄인 부모와 부산에서 살고 있습니다. 노만은 지난달 9일 아침 갑자기 집을 나갔습니다. 두 여동생과 학교

갈 준비를 하다 사라진 뒤 돌아오지 않았던 것입니다. (…중략…) 전학 간 학교에서 친구들에게 따돌림을 당할까 두려워 집을 나갔다고 말했습니다.

"예전에 학교 애들이 많이 놀려서요……."

학생들은 쥐죽은 듯 고요히, 동갑내기 또래의 사연에 집중하기 시작했다. 다음의 뉴스 대목에서는 학생들의 야유가 쏟아졌다.

"저번에 노만 4학년 때 애들이랑 잘 못 놀았고 거의 혼자 있었어요."

"'너는 너희 나라에서 살지, 왜 우리나라에 와서 그러냐.'고 놀리고 그랬어요."

다른 나라에서 왔다는 이유만으로 편견에 갇혀 노만의 장점을 찾지 못했고, 마녀사냥을 한 것이라며 분개하는 학생도 있었다. 이러한 현상은 단지 그 학생들만의 문제가 아니라 넓게는 우리 사회와 정치가 한국인들 중심으로 생각하는 차별이 어른에서부터 아이들까지 만연하여 벌어진 일이라며 깊이 있는 의견을 발표하기도 하였다. 이미 5학년 사회와 도덕을 통하여 '인권'에 대해 학습해왔던 경험 덕에 학생들에게 차별적 행태에 대해 문제제기를 하고 원인을 찾을 수 있을 만큼 높은 인권 감수성이 자리 잡았음을 느낄 수 있었다.

이윽고 우리 반 학생들의 전학 첫날을 떠올려 보도록 했다. 평상시 내성적인 학생들까지 손을 들며 자신의 속이야기를 전하기 시작했다.

"처음에 낯설었어요. 저에게 아무런 관심을 안 주더라구요. 시간이 좀 흘렀다고 생각했는데도 속상했던 게 우리 학교 학생이 아니라 여전히 전학생이라고."

유정이의 용기 있는 솔직한 고백에 지희도 손을 들어 자신의 이야기를 말하기 시작하였다. 꺼낸 말을 마무리하지 못할 만큼 지희의 눈가엔 눈물이 촉촉이 맺혀 있었다.

"막막하고 어떻게 해야 할지 몰랐어요. 친구들 사귀기가 쉽지 않아서 외로웠고 힘들었어요."

학생들은 비로소 노만의 이야기는 이주 배경 학생에게 벌어진 일개 일탈 사건이 아니라 낯선 환경에 처하게 될 때 벌어질 수 있는 '우리 모두'의 일이었음을 알게 되었다. 관심과 배려, 소통의 필요성에 대해 공감하게 된 것이다.

본격적으로 진정한 환대의 의미를 구체화하는 단계에 들어갔다. 노만이 교실 문을 열고 우리와 처음 만나게 될 때 짓게 될 표정을 생각하며 환대의 가랜드를 만들어 보는 것이다. 환영의 의미가 잘 드러나려면 어떠한 언어와 이미지를 사용하는 것이 적절할까? 학생들이 노만과 소통하기 위하여 얼마나 입체적으로 다중언어 레퍼토리를 고민하고 실현할 수 있는지가 관건이었다. 상대방의 입장을 생각하면서 언어적·비언어적 방법을 모두 동원해 연결의 다리를 만들어 낼 수 있도록 하였다. 이를 위해 학생들에게 파키스탄의 기본 정보를 쉽게 습득할 수 있도록 다양한 상징물과 단어 표현이 정리된 참고 자료를 나누어 주었고, 자유롭게 검색할 수 있도록 태블릿 패드를 제공하였다. 언어적 장벽을 넘어설 수 있게 번역기도 사용할 수 있도록 하였다. 학생들이 고심하여 표현한 아이디어는 모둠원이 함께 살펴보며 검토하고 조언을 하도록 학습지도 구성하였다.

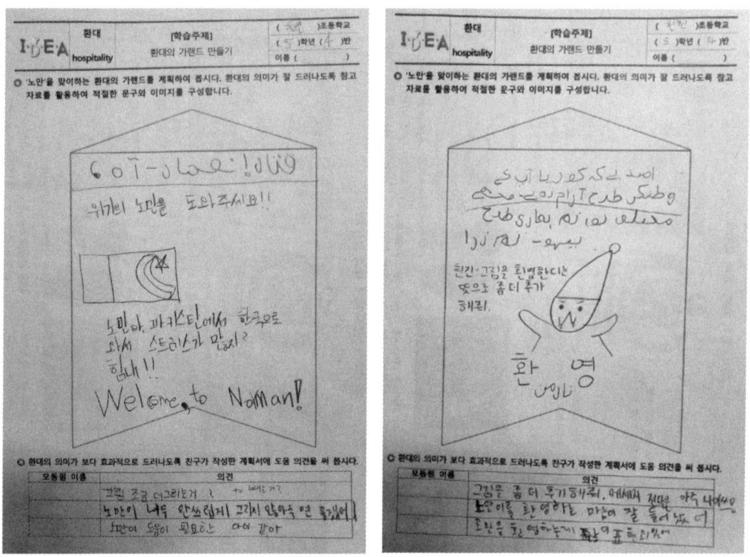

환대의 가랜드 제작 활동

이내 놀라운 모습들이 관찰되기 시작했다. 왼쪽 계획서에서 볼 수 있듯 노만의 어려운 처지를 돕고자 표현한 가랜드 구성 아이디어에 대해 모둠원들은 너무 안쓰럽게 표현하지 않도록 시선 교정을 조언하였다. 시혜적 태도를 경계하도록 학생 대중의 견실한 공감 능력이 발휘된 것이다. 오른쪽 계획서에서는 가랜드 구성 방식에 대하여 아낌없는 칭찬과 격려로 기운을 북돋우며 비언어적 그림 표현을 추가 요청하는 내용도 담겼다.

학생들은 태블릿 패드를 활용하여 파키스탄의 국어가 우르드어만 있는 것이 아니라 펀자브어도 있음을 발견하였고, 노만이 펀자브어를 사용하는 출신일 수도 있음을 가정하여 가랜드 작품을 완성하기도 하였다. 파키스탄에서 온 노만을 위해 파키스탄어로만 가랜드의 문구를 구성할 것이라는 예상과는 달리 여러 언어가 함께 표현된 모습도 관찰할 수 있었다. 비록 노만이 파키스탄에서 출생하고 파키스탄인 부모님과 지내고 있지만 부모님을 따라 한국에 온지 7년이 지났다는 사실을 통해 우르드어뿐만 아니라 그동안 익숙해졌을 한국어로도 소통이 가능할 것이라는 착안을 한 것이다. 그뿐 아니라 초등학교 3학년 때부터 시작하는 영어 과목이 있으니 제3의 언어로도 노만과 소통할 수 있을 것이라는 가정을 세우기도 했다. 심지어 왼쪽 가랜드 작품에서 보듯 무려 우르드어, 한국어, 영어 세 언어를 나란히 쓰는 모습을 볼 수가 있었다. 우르드어를 난생 처음 써 보는 학생들은 복잡하고 어렵다는 느낌을 표현하면서도 신기해하였다.

학생들은 노만이 언어에 익숙하지 않을 경우를 생각해 이미지 표현에도 심혈을 기울였다. 노만이 오른쪽 가랜드 작품을 보았다면 어떤 기분이 들었을까? '네 자리'로 표현한 책걸상엔 이미 우리의 일부가 된 친구의 존재가 담겨 있었고, 아픔을 보듬는 진한 위로와 친근감의 표현이 넘실거렸다.

가랜드에는 여러 언어들과 함께 샬와르 카미즈shalwar kameez와 한복을 입고 손을 맞잡은 어린이들의 그림, 태극기는 물론 파키스탄 국기의 하얀 별과 달도 수놓아졌다. 노만이 친숙하게 느낄 수 있을 나라별 전통음식과 전통놀이, 환영의 케이크와 폭죽이 가득했다.

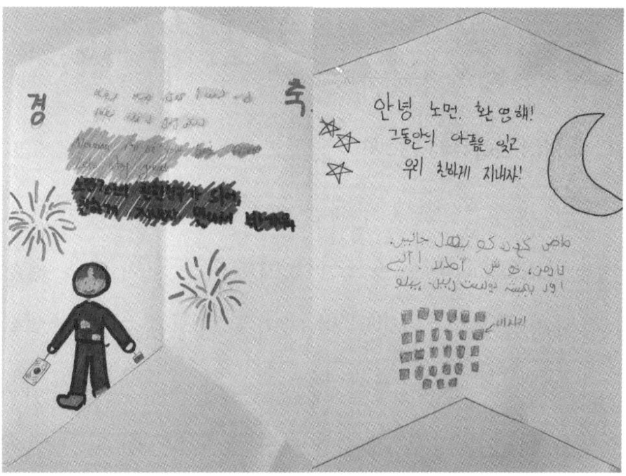

환대의 가랜드 완성작

아름다운 동심으로 차오르던 수업의 마무리는 노만의 10년 뒤 성장 다큐멘터리로 매듭지어졌다. 가출 소동 이후 노만은 더 이상 국공립학교를 다니지 못하고 다문화대안학교에서 성장하게 되었다. 그러나 성년이 되는 해, 추방된 부모님을 따라 강제로 파키스탄으로 돌려보내지게 되었다. 그리고 노만은 다시 방황하기 시작했다. "우리한테 선택권이 없었잖아. 난 정말 한국은 정말 좋지만 화가 나. 서운하고. 나 한국 사람이라고."라며 쓸쓸하게 읊조리는 그. 해피엔딩이었을 것이라는 예상은 완전히 빗나갔다. 학생들은 우리 사회와 공동체가 갖고 있는 현실의 어두운 단면을 마주하며 말을 잃었고 교실은 적막감에 휩싸였다.

차별 없는 따뜻한 환대는 어떻게 하는 것인지 명심해야겠다는 학생들의 소감문을 읽으며 작은 희망의 불꽃을 피워 본다. 더불어 행복한 삶, 우리는 선택할 수 있지 않을까?

② 다중언어교육 제2편. 사라짐과의 부딪힘

다중언어교육 두 번째 주제는 소멸 위기에 처한 언어의 심각성과 언어 다양성 보존의 필요성을 이해하는 것이었다. 평상시 수업에서 접하기 힘든 '언어인권'의 의미를 어떻게 어린 학생들의 눈높이와 가슴 높이에 맞춰 전달할 수 있을지 많은 고민을 거듭했다. 그리고 찾은 해답은 바로 내 자신 안에 있었다. 내 자신 안에서 소멸해 가는 언어를 꺼내어 스스로를 수업의 소재로 사용하는 것이었다. 수업을 앞둔 시점, 수많은 생각이 주마등처럼 지나갔다. 제주적인 특징을 지우려 애써 왔던 내게 본래의 모습을 드러낸다는 것은 다소 용기가 필요한 일이었다.

수업은 제주어 퀴즈로 시작되었다. 아니나 다를까 제주 방언을 접한 학생들은 '못 알아듣겠다'면서도 퀴즈 내용에 눈을 떼지 않고 집중했다. 나에겐 익숙한 아래아 발음들과 '아시', '요망지다' 같은 단어들은 우리 반 학생들에겐 생소한 외국어처럼 들리는 듯했다. 언어란 문화의 정수라 하지 않던가. 감자의 제주어 표현이 땅의 열매라는 '지슬'임을 알려주고 표준어와의 미묘한 발음 차이를 알려줄 수 있었던 것은 내가 제주에서 나고 자란 배경 덕분이다. '뜻이 너무 예쁘다'는 학생들의 반응에 내 안의 깊은 곳이 기쁨으로 물드는 것 같았다.

그러나 퀴즈를 통해 신나게 만나 본 제주어는 실제 아주 심각한 소멸 위기에 해당하는 4단계 언어이다. 언어가 화석이 되어 가고 있다는 것이다. 학생들과 함께 멸종되어 가는 언어 지도를 살펴보고, EBS 영상 《화석이 된 '언어', 사라지는 '세계'》를 시청하였다. '보어', '맹크스어', '쿠페뇨어', '게일어' 등 더 이상 존재하지 않는 언어들이 언급되자 긴 탄식과 안타까움이 터져 나오기 시작했다.

"만약 여러분이 한국어를 사용하는 마지막 사용자라고 생각해 봐요. 어떤 느낌인지. 여러분의 존재가 사라지면서 한국어가 사라진다고 생각해 보세요."

"언어를 잃어버린다는 것은 나라 자체가 없어진다는 느낌이 들어요."

"언어를 잃어버린다는 것은요, 언어도 일종의 문화니까 일종의 문화가 사라져 버린다는 것을 의미해요."

언어인권에 대해 생경해했던 학생들은 어느새 어떤 언어든 존재 가치가 있음에 공감하고 언어 소멸 현상의 문제점을 이해하기 시작했다. 심지어 2주에 한 언어가 사라질 만큼 언어 다양성이 훼손되고 획일화되어 가는 사실은 꽤나 충격적으로 받아들여진 듯 보였다.

곧바로 학생들이 배우고 느낀 바를 과업을 통해 구체화하는 단계로 나아갔다. 데이비드 위스너의 『시간 상자』라는 그림책을 활용하여 세상의 바다를 떠돌아다니는 수중카메라에 내가 촬영한 필름 한 장이 기록된다면 어떠한 언어인권 메시지를 전하고 싶은지를 남기는 활동이었다. 이날은 코로나19 팬데믹 상황으로 인하여 비대면 온라인 학습 환경에서 이루어지고 있었지만 활동에 참여하는 학생들의 참여 자세는 매우 진지했다. 패들렛을 활용하여 저마다 올린 계획서를 보고 모둠원들은 주제의 전달력, 선택한 언어의 효과성, 이미지의 적절성에 대해 조언을 해 주었고, 친구들의 조언을 수용하여 최종 작품이 완성되었다.

번역기를 사용할 수 있다는 장점으로 인하여 작품 속에 나타난 언어의 종류는 풍성했다. 전세계 사람들이 이해할 수 있는 공용어로서의 영어의 효용성이 나타났으며, 잊혀지길 바라지 않는 모어, 한국어가 등장했고 한 번도 써 본 적이 없다는 힌디어, 가랜드 만들기를 통해 접했던 우르드어도 등장했다. 수중카메라가 닿을 수 있는 해안이 있는 나라를 고려하여 필리핀, 태국, 중국, 아랍 국가를 선택하여 메시지를 구성하는 모습도 볼 수 있었다. 언어 간 경계를 넘어 새로운 의미 창조에 이르는 트랜스랭귀징 단계까지 이르지는 못했지만 학생들은 나의 메시지를 접할 세계 속 익명의 다수를 가정하여 동원할 수 있는 언어적, 비언어적 자원을 최대한 활용하였고 반짝이는 아이디어를 표현해 내었다.

난해할 수 있을 것이라 생각했던 '언어인권' 개념에 대해 학생들은 언어의 조화로운 공존을 아름답게 표현해 내었을 뿐만 아니라 다양한 언어로 관심사가 확대되는 모습을 볼 수 있었다.

> 모든 언어 중 어떤 언어는 중요하고 어떤 언어는 작으니까 사라져도 별로 상관이 없을 거라 생각했는데 오산이었다. 어떤 언어든지 존중하고 받아들여야겠다. 내 마음속 언어 편견을 없애자. (해인, 22.1.4. 수업 소감문)

> 언어도 사람처럼 소중하고 보존해야 할 필요가 있다는 것을 알게 되었습니다. 그리고 지금도 어떤 나라의 말과 글이 점점 없어진다는 것을 자세히 알게 되었습니다. 모든 나라의 말과 글은 모두 소

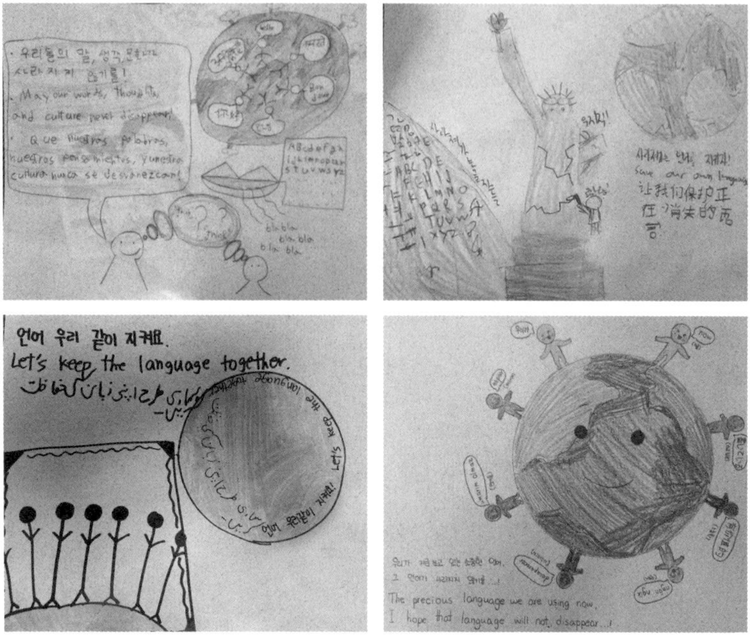

언어인권 메시지 학생 작품

중하다는 것을 배웠습니다. (은찬, 22.1.4. 수업 소감문)

학생 수업 소감을 읽으며 교사로서 받는 감동과 배움이 매우 컸다. 참신한 수업이어서 다시 받아 보고 싶은 내용이며 도움이 되었다는 의견과 보다 다양한 언어를 접할 수 있는 기회를 갖게 되길 희망한다는 내용이 다수였다. 다중언어 학습 경험 이전과 이후 학생 설문 결과에서도 주목할 만한 변화가 보였다. 다중언어 학습 이후 한국 학교에서는 누구나 '한국어만' 사용해야 한다는 응답은 사라졌고, 어떤 언어의 일방적 우위를 주장하기보다 각 언어가 가지는 가치를 이해하고 존중하는 생각의 전환이 나타난 것이다. 새로운 시각을 촉발하는 교육의 힘, 교사의 인식 전환이 얼마나 중요한지 새삼 확인할 수 있었다.

이전과 다른 눈으로 교실을 보게 되다.

다중언어교육 수업을 디자인하며 교사로서 가장 체감한 점은 교사와 학생이 새로운 관점과 생각을 함께 만들어가는 과정의 역동성이었다. 이주 배경 학생이 없는 일반 학급에서 다른 언어와 접촉의 필요성을 이끌어 내기 위해서는 일상적으로 사용하고 있던 '언어'가 소통의 도구로서 담당하는 역할이 얼마나 중요한지 절감할 수 있어야 했다. 나의 의도를 효과적으로 전달하고 소통하기 위해서는 상대의 입장과 환경을 충분히 고려하여 언어를 선택하고 이유를 성찰할 수 있어야 한다. 그만큼 교사와 학생 모두, 언어가 각자의 서로 다른 경험과 문화를 드러내는 심층적인 대상임을 민감하게 인식하게 되는 것이다. 서로의 생각이 어우러지고 조정되는 모든 절차가 다중언어교육의 본질이라 할 수 있다. 따라서 학생들의 다중언어 경험은 세계의 다양한 사람들과 교류하는 시민으로서의 자질을 갖추는데 충분한 교육적 가치가 있다.

다중언어교육은 교사인 내게도 많은 성장을 가져다주었다. 학생들이 꺼내고자 하는 작은 말소리, 단어, 다양한 표현들과 이에 담긴 마음을 헤아리고 맥락을 고려하는 태도를 배울 수 있었다. 낯설고 두렵기에 시도조차 하지 않았던 모습을 버리고 새로운 '말'을 나의 입에서 뱉어본다거나 심리적으로 억압해 왔던 나의 모어를 수업 자산으로 활용하여 주제를 풀어 나가는 과정은 교사로서의 자신감을 회복하는데 큰 도움을 주었다.

보다 성공적인 다중언어교육을 위해 개선해야 할 사항들도 발견할 수 있었다. 이틀간 8차시에 걸쳐 다중언어교육이 진행되었음에도 여전히 '다중언어' 사용이 소수의 이주 배경 학생을 위해 다수가 베푸는 배려라는 인식이 남아 있었던 것이다. 학생들이 깊이 몰두할 수 있도록 다중언어교육이 장기 프로젝트로 진행된다면 학생들이 다중언어 경험의 성공감과 가치를 체감하며 관점의 지평을 넓힐 수 있을 것이다. 무엇보다 낯선 '언어'를 접하는 자체만으로도 긴장하고 당혹해하는 학생들이 있었기에 솔직한 의견을 가감 없이 표현할 수 있도록 허용하는 분위기를 만들어 주고, 해당 언어와 문화를 충분히 만날 수 있는 여유와 기다림이 필요하다.

'교실'과 '학교'라는 공간은 다양한 맥락이 혼재되고 참여 주체들의 개성이 존중받으며 사회정의가 잉태되는 장이다. 실행공동체를 통하여 다중언어교육의 필요성과 접근방법에 대해 기탄없이 논의를 나누고 고민과 아이디어를 나눌 수 있었던 모든 시간이 무척 유익하였다. 이론, 과정, 실천, 결과 나눔에 이르는 전 단계를 통하여 다중언어, 다문화교육에 대해 갖고 있던 나의 편견이 흔들리고 재정립된 가치 있는 경험이었다. 평등한 교실, 꿈이 아닌 현실로 한 걸음 내딛어 본다.

강현주 흔들리고 방랑하면서도 프리즘 같은 교실을 사랑하여 맴돌던 발걸음은 늘 아이들 곁이었다. 다른 색깔을 가진 아이들의 '이야기', 일렁이는 생각과 감성이 빚어내는 '말' 그 안의 '관계'와 '세상 읽기'에 관심이 많고, 아이들이 각자의 모습을 투명하게 드러낼 수 있도록 올바른 길잡이가 되어주려 한다.

4부 우리는 모두 고구마꽃을 피운다

10

제3의 공간에서: 언어, 아름다운 권력

장은영 서울교육대학교

언어를 잃어버린 인간이 어떻게 자기
자신을 잃지 않고 살아갈 수 있을까?
아니, 나의 언어는 어떻게 이토록
사소하게, 가치 없이 버려지게 된
것일까? 누가 책임을 질 것인가?

내가 기억하는 한 나는 언어에 빚을 많이 지고 있다. 살아오면서 무형의 생각들이 복잡하게 얽혀 있을 때, 슬프거나 상처받았을 때, 그냥 무작정 글을 쓰기 시작한다. 무언가를 쓰다 보면 어딘가 던져진 나를 찾아내고, 몸에 묻은 흙을 툭툭 털고 나의 손을 잡아끈다. 행복하면 행복한 대로, 슬프면 슬픈 대로, 힘들면 힘든 대로, 어쨌든 나는 언어를 통해 나를 찾아 다시 데려온다. 나와 나의 관계가 그렇게 이어진다.

언어는 관계를 만든다. 언제인지 모르겠지만 아주 어렸을 때, 사과를 먹다가 쓴 시가 있다. 사과가 너무 맛있어서 그 행복감을 표현하고 싶었다. 〈사과〉라는 제목의 시인데, 대충 떠올려 보면 '빨간 사과를 한 입 베어 먹으면 맛있는 노란 사과가 보인다'라는 구절이 있었던 것 같다. 그 시를 쓰고 나서 사과와 나의 관계가 더욱 친밀해진 것처럼 느껴졌던, 이상한 기분이 생각난다.

문학을 사랑했던 아버지 덕분에 초등학교 때 전화번호부만큼이나 두꺼운 『한국 근현대 시집』과 『한국 근현대 단편소설집』을 선물받아 한 장 한 장 아껴가며 읽었다. 이해가 잘 되지도 않으면서 모든 시와 글들이 다 너무 좋았다. 특히 그때 〈봄은 고양이로소이다〉라는 시에 얼마나 매료되었던지. 기역, 니은, 아, 야, 어, 여... 이런 것들이 모여서 이렇게 부드럽고 달콤하고 앙증맞은 봄날의 고양이를 내 눈앞에 가져올 수 있다는 것이 너무도 신기했다.

살아오면서 나는 늘 언어를 사랑했던 것 같다. 언어를 탐구하고, 유희하고, 언어에 상처를 입고, 억압당하고, 언어와 화해하고, 그리고 다시 언어를 사랑하는 것을 반복하고 있다.

아픈 기억 하나, 언어를 잃어버린 나

'사과'라는 시를 썼던 어린 시절에서 훌쩍 뛰어서 서른을 갓 넘어 시작한 미국 유학 시절로 가 본다. 미국에서 나는 철저하게 언어를 잃어 보았다. 무슨 객기로 그랬는지, 나는 미국 대학의 '언어, 문해, 문화Language, Literacy, Culture' 교육 전공 대학원 박사과정에 들어갔다. 우리나라로 치면 국어교육과 박사과정이다. 미국에서, 영어를 쓰는 이들 중에서도 특히 쓰기와 읽기에 뛰어나서 무려 박사까지 하겠다고 온 이들이 모인 그 전공에서, 나는 영어를 모어로 하지 않는 유일한 학생이자 유일한 아시아인이었다.

첫째 아이가 네 살, 둘째 아이가 생후 4주였을 때 시작한 미국 대학원의 첫 학기는 정말이지 몸서리쳐지게 힘들었다. 모든 것이 힘들었지만 나를 가장 절망하게 했던 것은 언어였다. 어린아이처럼 단조롭게 영어로 말하는 나 자신이 낯설고 힘들었다. 나의 생각을 세련되게 치장시키는 수사학적 기술도, 날카로운 비판을 담고도 거칠지 않은 유려한 표현도, 적재적소에서 언어를 맛있게 비틀어 자아내는 유머도, 그 어떤 것도 내 맘대로 되지 않았다. 대부분의 교수들은 유창하지 않은 내 말에 열심히 귀를 기울이고 때로 아이디어를 칭찬하기도 했지만 나 자신은 한 마디로, 무척 비참했다.

엄청난 양의 읽기 과제와 매 수업마다 끊임없이 발표하고 토론하는, 매일매일이 영어로 고문을 당하는 것 같은 대학원 수업을 받던 어느 날, 절실하게 떠오른 생각이 있었다. 나의 생각을 외국어로 전달하는 데에 그 언어는 어디까지 '장애'가 되는 걸까? 우리는 마치 언어가 단지 내용을 담는 틀인 것처럼 생각하지만 언어 능력의 차이는 대화에, 그리고 사람과의 관계에 '진짜로' 어떻게 영향을 미치는 것일까? 평이한 어휘와 불완전한 혹은 지나치게 정형화된 문법으로 어떤 생각을 전달할 때와 유려한 어휘와 센스 넘치는 화법으로 같은 생각을 전달할 때 상대방이 그 발화자의 생각에 대해 느끼는 반응은 얼마나, 어떻게 다를까? 그런 의문이 들었다. 예를 들어, "와우, 이렇게 깊이 있는 생각을 할 수 있는 학생이라니!"라는 반응을 이끌어 내는 데에 내용이 아닌 형식, 즉, 언어의 유창성이 얼마나 영향을 미치는가에 대한 절실한 의문을 던졌다.

우리가 대화를 통해 얻고자 하는 것은 단지 정보의 전달에 그치는 것이 아니다. 대화는 상대방이 내가 가진 아이디어를 나의 일부로서 이해하고 나라는 존재에 대한 인식의 변화를 만들어 내는 것이다. 언어의 미묘한 운용이 주는 변화와 감동을 사랑하던 나에게, 사실은 이 질문에 대한 답이 자명했다. '바보처럼 말하면 바보처럼 보인다'는 것이었다. 물론 '바보'에 대한 이런 생각은 나중에 완전히 바뀌었지만 당시에는 그렇게 결론을 내고 힘들어했다.

사실 미국에서 교수들이나 대학원 동료들보다 내가 나 자신을 더 폄하했던 것 같다. 어느날 그 사건이 일어나기 전까지는 말이다. 박사 1년차 2학기 때 듣던 한 수업의 교수가 나를 따로 불렀다. 나의 과제를 언급하면서 글을 너무 잘 썼다고 운을 띄웠다. 내 글의 어휘가 '너무 고급'이라고 혼잣말처럼 중얼거리면서 과제를 뒤적이더니 한 단어를 예시로 말했다. 지금도 생각난다. 'disentangle'이라는 단어였다. 그리고는, 한국은 어떤지 모르겠지만 미국은 표절을 매우 심각한 문제로 본다고 했다. 말의 행간이 바로 읽혔다.

이 교수가 무엇을 말하려고 하는지 알았기에 분노와 치욕감이 나를 뒤덮었지만 표시 내지 않으려고 노력했다. 그리고 덤덤하게 "나의 GRE 시험 언어영역 성적을 확인해 보세요"라고 말했다. 속으로, '내가 소위 원어민 학생들보다 훨씬 높은 점수를 받았는데 저런 단어를 몰랐을 거라고요? 그래서 어딘가에서 베꼈다고요?'라고 생각했지만 구구절절 말하지는 않았다. 당당하게 대답하고 나와서 걸어가는데 울컥 눈물이 흘렀다. 영어가 모어가 아니라는 점 때문에 학문을 하는 사람에게 가장 치명적인 문제인 표절을 의심받았다. 이건 아니다, 무언가 문제가 있다, 아니, '이것은 차별이다'라는 생각을 처음으로 했던 것 같다. 그리고, 내가 나 스스로 원어민처럼 영어를 하지 못하는 것을 폄하하고 자괴감을 가지는 것에 대해서도 문제의식을 가지게 되었다.

나는 자신의 언어를 쓸 수 없게 된 상황에서 어떻게 살아가야 하는지를 알아야 했다. 나 자신에게 설명할 수 있어야 했다. 언어를 잃어버린 인간이 어떻게 자기 자신을 잃지 않고 살아갈 수 있을까? 아니, 나의 언어는 어떻게 이토록 사소하게, 가치 없이 버려지게 된 것일까? 누가 책임을 질 것인가? 이는 학문적 호기심 이전에 언어를 잃은 내가 나를 안고 살아내기 위한 몸부림이었다. 무엇보다 나 자신을 위해 이론이 필요했고 나와 비슷한 상황에 있는 이들의 목소리가 갈급했다. 그래서 이주 배경을 가진 학생들의 언어 경험과 정체성이 그때부터 지금까지 변함없이 나의 연구 주제가 되었다.

시작은 나쁘지 않았다. 이론적인 관점에서, 언어 학습을 정체성에 대한 투자로 본 보니 노튼Bonny Norton에 영향을 받았고 언어를 상징자본으로 두고 경제 용어를 사용하며 언어 권력을 다룬 피에르 부르디외Pierre Bourdieu에 매혹되었다. 대학원 과정을 밟으면서 미국의 이주민 가정 자녀의 언어 경험과 정체성에 대한 여러 연구 프로젝트들을 진행했다. 초등학교와 연결된 유치원으로 들어온 히스패닉 아이의 언어적 침묵기silent period, 계승어heritage language로서 한국어를 배우는 이민 2세 한인 청소년들, 한국교회를 중심으로 언어와 문화의 경계에 있는 이민 가정의 1.5세 한인 고등학생들, 이른바 '기러기 가족'으로 청소년기에 미국 학교로 들어와 인종주의를 온몸으로 경험하는 1.5세 한인 중학생들과 함께 그들의 언어 세계를 탐색했다.

당시의 나는 설익었지만 뜨거웠던 학문적 정열과 태생적으로 지나치다 싶은 감성에 기반한 라포를 가지고 문화와 언어의 쓰나미에 떠다니던 아이들을 어느 정도 감당할 수 있었던 것 같다. 그런데 지금 생각해 보면 이 아이들을 이해할 수 있었던 것은 '일반적인 가정'이라는 문화 보편성을 바탕으로 부모와 자식간 관계, 자녀 교육에 대한 열정, 특히 한국 가정의 교육열 등을 이해할 수 있었고, 미국 땅에서 이방인으로 산다는 것과 영어의 권력에 대한 공감 등이 작용했기 때문이었던 것 같다.

'멀티링궐 행아웃'을 꿈꾸다

학위를 마치고 한국으로 돌아왔다. 내가 가진 유일한 재산이 그나마 공부를 좀 했다는 것이었다. 그렇지만 아이들을 키우느라 어처구니없이 제한된 시간 속에서, 누구도 도와주지 않는 상황 속에서, 나를 위한 욕심으로 치부되는 나의 학문을 유지하는 것은 너무 힘들었다. 무거운 자료 가방을 들고 이 학교 저 학교를 다니느라 길거리에만 서너 시간을 버리고 다녔다. 이른바 '보따리장수'라 불리는 시간강사로 떠돌면서, 최저생계비도 안되는 강사료를 받으면서, 내가 공부한 것을 헐값에 팔아넘기는 기분이 들었다. 몸도 마음도 피폐해져 갔다. 더 늦기 전에 나의 자산을 의미 있게 쓰고 싶다는 결연한 의지같은 것이 생겼다. 그렇게 나는 '남한에 거주하는 탈북 청소년의 언어교육'이라는 주제에 발을 디뎠다.

처음 탈북학생 관련 연구를 시작한 것은 2014년 즈음이었고 '멀티링궐 행아웃Multilingual Hangout'이라는 이 명랑한 이름은 당시 미국 대학에 방문학자로 있으면서 불현듯 떠올랐다. 탈북 청소년들이 자신의 언어 자원을 활용하고 동등한 기회를 보장받으며 마치 노는 듯이 즐겁게 다중언어 구사자가 될 수 있도록 하려면 어떻게 해야 할까? 이런 생각을 하다가 번개처럼 '멀티링궐 행아웃'이라는 용어를 떠올리고는 얼마나 흥분했던지. 당장 구글에 검색해 보았더니 아무도 이 용어를 쓰지 않았다. 일단 무료 홈페이지 제작

회사로 들어가서 'multilingual hangout'이라는 도메인부터 확보하고 블로그를 만들었다.

탈북 청소년들은 탈북 과정에서 학교 교육을 제대로 받지 못하고, 청소년이라 하지만 어느새 청년의 나이에 가까워지는 학생들이다. 한국에서 학교를 다니게 되었지만 지난한 탈북의 과정, 남북한 교육제도의 차이, 가정이라는 울타리의 부재 등 여러 이유로 한국 학교에 적응하는 것이 쉽지 않다. 특히 이들에게 영어는 학교와 일상에서 직면하는 가장 높은 난관 중 하나이다. 나는 내가 만났던 탈북 학생들이 얼마나 영어에 절망했는지, 그리고 한 탈북 청년은 영어 능력 덕분에 얼마나 새로운 길을 열었는지를 보았다. 탈북 학생들은 어렵게 들어간 대학에서 영어 원서를 읽지 못해 자퇴하고 호프집 알바를 하다가 '티슈'라는 외래어를 알아듣지 못해 수모를 당한다. 외래어가 많은 한국어는 이들에게 또 다른 외국어처럼 들린다고 한다. 제3국 출생 탈북민 자녀들(대부분이 중국 출신이다)은 중국어를 유창하게 구사할 수 있지만 이는 친구들이나 가족들이 있을 때만 사용할 수 있는 개인적이고 비형식적인 언어였고 일상에서는 한국어, 학교에서는 영어의 압박을 받는다.

프로젝트를 시작할 때 나의 철학과 목표는 너무도 확실했다. 남한과 북한이라는 이분법을 넘어 '제3의 공간'으로서 멀티링궐 행아웃 프로젝트! 영어는 이들에게 문제도 장벽도 아닌 새로운 가능성이 되어야 한다는 것! 언어소수자로 주변화되기 쉬운 이들이 자신이 가진 언어적 역량에 자부심을 가지고, 권력의 언어를 배워야 할 이유를 스스로 결정하고, 즐겁고 효율적으로 언어를 배울 수 있게 해 주고 싶었다. 탈북 학생들이 다중언어와 다중문화라는 차별화된 역량을 가진 사람으로 자신을 인식하길 원했다. 그리고 이를 통해 언어마저 세상을 향해 권력을 휘두르는 이 현실에 균열을 내고 싶었다.

2017년, 드디어 '멀티링궐 행아웃'이라는 이름을 본격적으로 사용할 기회가 왔다. 연구비를 지원받게 된 것이다. 이는 탈북 청소년과 함께 했던 '멀티링궐 행아웃 ver.1 – 학생편'에서 교사실행공동체로 동지애를 나누었던 '멀티링궐 행아웃 ver.2 – 교사편'으로 이어지는, 7년에 걸친 나름 장대한 여정의 시작이었다.

아픈 기억 둘, 언어를 강요했던 나

'언어를 잃어버린 나'에 대한 고백에서 이제 '언어를 강요했던 나'에 대한 고해성사로 넘어가야겠다. 나는 내가 낯선 땅에서 언어를 잃고 헤매어 보았기에 같은 상황에 있는 아이들을 이해할 수 있으리라고 생각했다. 그러나 그것은 엄청난 착각이었다. 우리는 그 누구도 똑같지 않다.

멀티링궐 행아웃 ver.1 – 학생편은 서울 지역에 있는 탈북 학생을 위한 대안학교에서 방과후 동아리 프로그램으로 처음 시작했다. 나중에 이 프로그램에 대한 논문을 쓸 때, 처음 떠오른 제목은 「절반의 실패」였다. 이 제목이 너무 감성적이라 결국 논문 제목이 아니라 논문의 결론 부분 소제목으로 넣었고 다시 고심 끝에 '절반의 성공'으로, 약간은 희망적으로 바꾸었다. 이 논문을 학술지에 투고했을 때 한 심사자가 '모든 연구는 결국 성공적인 부분과 실패한 부분이 있는데 굳이 이 말을 써야 하는 건가 하는 생각이 든다'라는 평을 보냈다. 난 굽히지 않았다. '아니, 난 적어도 어딘가에 이 말을 써야 해. 절반이나 실패했다고 느끼는 내 마음을 감추는 것은 너무 양심에 찔리니까.' 첫 프로젝트를 진행하면서 내가 느꼈던 패배감과 무력감, 혼돈을 그냥 지나칠 수 없었기에 나는 '도대체 왜?'라는 질문에 천착했고 시간은 오래 걸렸지만 다행히 두 가지 중요한 이유를 알게 되었다. 나는 학생들보다 그들의 언어에 집착했다는 점, 그리고 그 연구에서 나의 '자리매김positioning'에 대해 미리 준비하지 못했다는 점이다. 물론 '절반의 성공'이 의미하듯 이 프로젝트를 실패라고 할 수만은 없었다. 찬찬히 이야기를 풀어 보자면 다음과 같다.

처음 시작할 때 나는 이 연구에 매우 흥분한 상태였다. 언어와 미디어를 결합하여 다중언어 환경을 만들고 탈북 학생들이 자신의 '언어 레퍼토리linguistic repertoire'를 맘껏 활용하면서 다중언어 역량을 키울 수 있는 프로그램을 만들고 싶었다. 현란한 프로그램트레일러 동영상을 준비하고, 고등학생들이 좋아할 만한 영화 중에서 중국어와 영어로 된 영화들을 고심하여 자료로 선정했다. 중국어·한국어·영어라는 세 가지 언어가 경계를 넘나들며 풍성하게 사용될 수 있도록 다양한 유형의 '트랜스랭귀징translanguaging' 수업 활동을 만들었다. 이 프로젝트를 위해 미디어를 잘 다루고 학생들을 보다 잘 이해할 수 있는 탈북민 친구에게 도움을 요청했고, 한국어·영어·중국어를 구사하는 강사들을 고용했고, 매 수업 준비를 위해 함께 영화의 장면들을 편집하고, 활동지를 만들고, 수업에 대해 회의했다. 코로나 사태 이전이라 당시에는 많이 쓰지 않던 구글 클래스룸도 만들어 온/오프라인 블렌디드 프로그램으로 디자인하였다.

방과후 동아리 시간에 함께 외국어 영화를 보고, 다양한 언어들을 활용하며, 영어를 배우게 하는 이 프로젝트를 하면서 조금씩 학생들의 언어와 생각이 밖으로 새어 나왔다. 수업 활동에 참여하면서 자신의 삶의 경험을 솔직히 나누기도 했고, 어떤 개념이 다양한 언어로 전달될 때 달라지는 의미들을 흥미롭게 이야기하면서 자신과 타인의 삶을 다중언어를 통해 연결시키기도 했다. 학생들은 마치 깊은 잠에서 깨어난 듯 일시적으로 활발하게 생각을 나누기도 했다. 가끔씩이긴 했지만 이런 두근거리는 순간들이 있었다.

그러나 대부분의 수업에서 학생들은 무기력했고 무슨 생각을 하는지 알 수가 없었다. 1주일에 한 번, 2시간이 안되는 수업을 위해 나는 만사를 제쳐두고 자료를 검토하고 강사들을 닦달하고 아이들의 간식 메뉴를 고심했는데 말이다. 그해, 그 대안학교가 있는 비탈길을 오르내리며 내가 맛본 감정의 대부분은 나의 목표와 노력, 기대로 인해 더 깊어진 실망, 자책, 그리고 패배감이었다. 2018년 5월, 7번째 수업까지 하고 난 후 쓴 나의 일기는 내 마음을 대변한다.

> 오래전부터 꿈꿔왔던 이 프로젝트를 실제로 수행하면서 나는 피폐하게 망가졌다. 상처의 깊이만큼은 아니지만 배움이 있었고 성취가 있었다. 기쁨, 흥분, 성취감, 상처, 자괴감, 무기력함, 분노, 미움, 슬픔 모든 것들이 있었다. 너무 힘들다. 무엇이 가장 어려웠던 것일까? 나는 내 자신을 가만히 들여다보고 싶고 내 자신으로부터 이 문제에 대한 이야기를 듣고 싶다. 혼란스럽지만 다른 누구의 설명이나 판단은 거부하고 싶다. 나와 똑같은 경험과 노력을 하지 않은 자에게 판단되고 정죄되는 것을 받아들일 만큼 내 마음에 여유가 있지는 않다.

이후, 학생들과 점점 더 가까워지고, 한 명, 한 명과 깊은 얘기를 나누면서 긁히듯 아프게 나는 그 문제에 대한 답을 찾기 시작했다. 나는 아이들을 전인간적으로 이해하기 전에 그들의 언어 잠재력을 키워주고 싶다는 일념으로 언어를 강요했던 것이다. 당시 참여 학생 대부분은 중국인 아버지와 탈북민 어머니로 이루어진 가정의 자녀로 중국에서 출생하고 성장하다가 청소년 시기에 한국에 입국하였다. 효진이라는 학생만 탈북 후 제3국을 경유하여 한국에 입국한 사례였다. 말하자면 어린 나이에 내가 상상할 수도 없는 삶의 질곡과 혼란을 이미 겪은 아이들이었다. 내가 간과했던 것은 '내가 상상할 수도 없는'이라는 그 부분이었다.

영미는 이미 성년의 나이에 다시 고등학교 1학년으로 편입했고, 스스로를 중국인이라 생각했던 자신이 탈북 학생 대상 대안학교를 다니면서 겪는 문화적 차이와 정체성의 혼돈으로 인해 모든 것에 반항하고 있었다. 놀랍게 명석하고 학문적인 탐구 성향이 강한 인섭에게는 제도가 만든 호명에 따라 '탈북민'과 '이주 배경 학생'의 경계에 있는 자신이 어떻게 한국에서 대학에 진학할 것인가가 가장 시급하고 중요한 문제였다. 아기처럼 앳된 너무나도 귀여웠던 효진이는 제3국을 통한 탈북 과정에서의 트라우마, 어머니의 병환, 자신의 정서적 불안정으로 인해 정상적인 학교생활이 거의 불가능했다.

학생들은 곧잘 태만과 무기력에 빠졌다. 신중히 선정한 흥미로운 영화, 다중언어로 고안한 수업 활동, 자신의 언어를 쓰는 것에 제약받지 않으면서도 권력의 언어인 영어를 배울 수 있는 기회…… 이런 것들은 학생들에게 자신의 고단하고 암울한 삶과 크게 관련이 없는, 단지 또 하나의 낯선 곳이었던 것이다.

내게 특히 기억에 남는 어떤 날이 있다. 훗날엔 몰라볼만큼 달라졌지만 프로젝트를 시작했던 그때 영미는 가장 수업 태도가 좋지 않은 학생이었다. 당시 대학생들이던 강사들과 겨우 2살 정도 나이 차가 났고 중국에서 버젓이 직장을 다니다가 한국에 와서 갑자기 "공짜로 학교를 다니는 불쌍한 탈북민 고등학생"(영미의 표현)이 되었으니 불만이 가득했다. 영미는 수업에서 늘 엎드려 자거나 화장을 했고 어떤 활동이나 숙제도 따로 하지는 않겠다고 선을 그었다. 그러던 어느날 영미와 개별 면담을 하게 되었다. 그 내용은 이곳에 쓸 수 없지만 평소에 똑부러진 모습으로 대놓고 수업에서 '학생'이기를 거부했던 대담한 영미가 갑자기 울었다. 영미의 이야기를 들으면서 그녀가 처한 상황과 차별당한 경험에 나는 뒤통수를 맞은 듯했고 그 눈물에 마음이 너무나 아팠다. 나는 준비도 안 된 상태에서 이 아이의 상처를 질적 연구의 면담이라는 방식으로 말하게 한 것이 아닌가. 내가 영미의 문제를 해결해 줄 수도 없는데, 그에게 해 줄 수 있는 것이 많지 않을 것 같은데, 내게 자기 얘기를 하고 울게 하다니. 영미에게 너무 미안했고 그녀가 자존심이 상했을까, 내게 말한 것을 후회할까 너무나 걱정스러웠다. 인터뷰를 마치고 한참을 걸어 지하철역으로 오는 내내 마음이 납덩이처럼 무겁고 숨쉬기가 힘들었다.

그때 나를 짓눌렀던 자괴감은 그 프로젝트에서 불분명했던 나의 자리매김positioning에도 있었다. 그 프로젝트는 일종의 실행연구

action research로 시작했고 나는 내 자신이 연구자researcher이자 활동가activist라고 막연히 생각했다. 그런데 막상 프로젝트를 해 보니 이 학생들에게 나는 연구자도, 교사도, 심리상담가도, 혹은 언제든지 모든 것을 들을 준비가 되어 있는 친절한 그 누군가도 아니었다. 아니, 그 모든 역할을 다 해야 한다는 생각이 들었다. 그중에서 한 역할만을 골라 결정할 수가 없었다, 도저히. 그것이 나를 혼란스럽게 만들었다.

처음에는 나도 모르게 권력을 휘두르고 있었다. 언어는 중요하고, 이 기회는 너희들에게 큰 도움이 될 거야. 이건 기존의 일방적인 수업과는 다른, 너희들의 언어 자원을 십분 활용해서 효과적이고 효율적으로 다중언어 구사자가 될 수 있는 기회라고! 나는 그들에게 '언어가 너희를 구원하리니' 라고 말하고 있었다. 간혹, 영어를 통해 인생이 바뀌었다는 간증을 하는 이와 크게 다르지 않았던 것이다.

학생들에 대해 점점 알아 가면서 나는 '연구자로서의 나'와 이 아이들과 만나는 '인간으로서의 나' 사이에서 깊은 괴리감을 느꼈다. 아이들이 겪는 고통이 생생하게 다가왔다. 객관적인 연구자가 되는 것은 불가능했다. 아니, 오히려 나 자신이 연구자의 관점으로 아이들을 볼까 봐 더 두려웠다. 연구자로서 면담에서 해야 할 질문을 할 수 없었다. 아이들을 힘들게 할 것만 같았다. 그리고 이 아이들의 경험을 내가 단지 연구 데이터로 사용할까 봐, 그 '상상할 수도 없는' 경험을 어떤 이론의 틀에 넣어서 분석하고 설명할까 너무 두려웠다.

시간이 많이 흐른 다음에야 이 첫 프로젝트의 성과와 함의를 이성적으로 정리할 수 있게 되었다. 연구자이자 교육자로서 나는 탈북 학생들의 다중언어 역량 제고라는 목표를 가지고 최선을 다해 프로그램을 만들고 수행했다. 그것이 패배감과 자괴감을 느낄 일은 아니었다. 그러나 나는 이 학생들이 살아온 삶을 이해하려는 노력 이전에 이들의 잠재력을 이끌어내 주고 싶다는 데에만 집중하면서 언어를 강요하고 있었던 것이다. 탈북 학생들을 위한 다중언어 및 트랜스랭귀징 프로그램은 또래 남한 학생들의 다중언어 능력 개발을 위한 프로그램과는 차별화되어 고안되고 수행되어야 한다. 멀티링궐 행아웃 1차 시도를 통해서, 나는 경계에서 불안하게 서성이는 이주 배경 아이들에게 다중언어 교육이 쉽게 다가갈 수 없음을 배웠고, 그럼에도 불구하고 내가 할 수 있는 일은 결국 더 좋은 멀티링궐 행아웃 프로젝트를 만들기 위해 연구하고 노력하는 것뿐임을 배웠다.

다시 '멀티링궐 행아웃'을 시도하다

쓰라린 고해성사를 한 '언어 강요 사건'이 1차 시도였고 그 경험 덕분에 2차 시도는 크게 달라졌다. 멀티링궐 행아웃 2차 프로젝트의 참여 학생 5명 중 2명은 1차 프로젝트부터 함께 했던 영미와 인섭, 나머지 3명은 그들의 친구들인 성동, 문양, 홍리이다. 이들은 모두 중국어가 제1언어이지만 한국 입국 시기에 따라 중국어와 한국어 능력이 상이했고, 영어 능력 역시 천차만별이었다. 나의 목표는 학생들이 다중언어교육 경험을 통해 언어에 대해 비판적 언어 인식critical language awareness을 함양하고 건강하고도 혼종적인 언어 정체성hybrid linguistic identity을 가지기를 원했다. 반면 학생들은 중국어 유지나 다중언어에는 관심이 거의 없었고 오로지 영어를 잘하기를 원했다. 이들은 영어를 잘하고 싶지만 한국 아이들에 비해 기본 실력이 너무 없어서 걱정하는 상태였고, 자신들이 중국어도 한국어도 완벽하게 구사하지 못한다는 자괴감이 깔려 있었다.

나는 우리들의 목표를 천천히 조율하면서 서로에게 다가가려고 노력했다. 언어 이전에 학생들을 먼저 생각했다. 이 프로젝트가 더 이상 언어 수업이 아니라 다중언어를 쓰는 인간들의 만남이 되길 원했다. 먼저, 학생들을 후원금으로 교육받는 탈북 학생의 위치에 놓이게 만드는 대안학교에서 불러내어 내가 가르치는 대학 캠퍼스에서 만났다. 아이들은 강북에서 강남으로 오는 먼 길을 마다하지 않았고 대학 건물에 들어와 최신 강의실에서 선생님들(나와 공동연구자, 연구조교)을 만나는 것을 좋아했다. 1차 프로젝트 당시

대안학교의 후덥지근한 교실에서 엎드려 자던 모습과는 달랐다. 맛난 음식을 함께 먹으면서 서로의 이야기를 들었고 다양한 프로그램을 활용하여 자연스럽게 다중언어를 사용하여 생각과 소통을 확장할 수 있었다. 아이들의 삶과 연계된 주제들(새해 계획, 우정에 대한 생각, 특기 등)을 수업에서 다루었고, 3개 언어를 사용하되 언어로 인한 장벽을 넘을 수 있도록 동영상이나 이미지 등 비언어적 표현을 적극적으로 활용했다.

삼중언어 구사가 가능한 강사들을 고용하지 않아 중국어를 할 수 있는 선생은 없었다. 학생들은 선생님들이 중국어를 모른다는

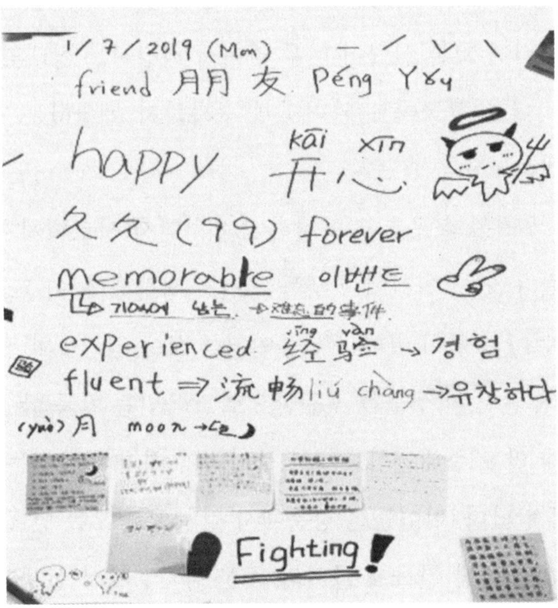

우정에 대한 생각 나눔

생각에 중국어를 쓰지 않으려 했지만 나는 그들에게 집요하게 중국어를 사용하도록 했다. 내게 중국어를 가르쳐 달라고 했고, 그 의미를 한국어, 영어로 아이들이 다시 얘기할 수 있도록 유도했다. 가능한 모든 수업 활동에서 3개의 언어를 사용하고, 특정 언어로 표현이 어려우면 가장 편한 언어로 말하고 이를 친구가 통역해 주는 방식으로 대화했다. 시간이 지남에 따라 아이들은 좀 더 자유롭게 자신의 언어를 선택하였고, 내가 묻지 않아도 어떤 단어는 중국어로 이렇게 말한다고 알려 주거나 자신이 말한 중국어의 의미를 내게 설명해 주기도 했다.

언어의 관점에서 자신을 생각해 보고 이를 표현하는 〈언어와 관련해서 나 자신을 표현해 보세요〉 활동을 했을 때 아이들은

언어정체성 활동 (영미)

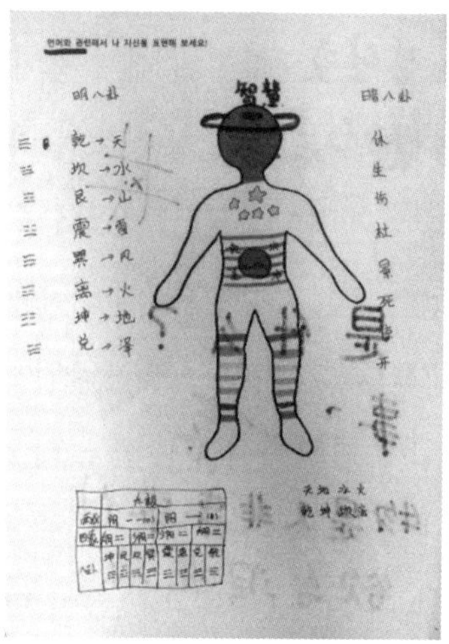

언어정체성 활동 (인섭)

다양한 매체(다중언어, 색깔, 레이아웃, 이미지 등)로 자신을 표현하였다.

그리고 미국의 인종주의와 차별에 관해서 광고 영상을 보며 배우는 비판적 미디어 리터러시 활동을 했을 때 학생들은 상당히 충격을 받았고 큰 흥미를 보였다. 미국의 흑인 차별의 역사에 대해 얘기하면서 학생들은 자연스럽게 탈북민으로서 한국 사회에서의 차별, 혹은 앞으로 자신들의 미래에서 차별을 받으리라는 불안감을 함께 나누었다.

특히 멀티링궐 행아웃 2차 프로젝트에서 학생들이 가장 좋아하고 열심히 참여했던 활동은 미국 대학생들과의 교류 활동이었다. 미국 공립대학에서 교수로 있는 지인의 학부생들 5명과 우리 프로젝트의 학생들이 서로 온라인을 통해 교류를 시작했다. 우리 학생들은 고등학교에 재학 중이었으나 탈북 과정 등으로 인해 미국 대학생들과 사실상 나이는 비슷했다. 그해 여름에는 그 미국 학생들이 계절학기 수업의 일환으로 한국을 방문하여 드디어 함께 만났다. 1박 2일의 환상적인 〈다중언어 워크숍multilingual workshop〉을 기획했고, 학생들은 온라인으로 교류하다가 서울에서 직접 만나 함께 한강에서 유람선도 타고 서울의 길거리를 탐방하면서 너무나 즐거워했다.

나는 이 교류와 워크숍이 단순히 영어 원어민을 만나거나 영어를 배우는 영어 프로그램이 아닌 다중언어의 만남이 되기를 '간절히' 원했다. 우리 학생들이 자신이 다중언어 구사자임을 깨닫고 자랑스럽게 느낄 수 있는 기회이자 미국 학생들이 자신들의 언어가 어떻게 당연하게 특권화되어 왔는지를 깨달을 수 있는 기회가 될 수 있기를 기대했다. 학생들이 비판적으로 언어의 권력을 이해하고 동시에 언어가 이어주는 관계의 아름다움을 누리기를 원했다. 다행히도 그 기대는 상당 부분 이루어졌다.

일반적으로 영어권 학생들과의 교류는 그 목표가 무엇이든 당연한 듯이 영어로 이루어진다. 영어라는 언어가 공용어로 사용되면서 영어권-비영어권 학생들 사이에는 자연스럽게 (영어)선생-학생 또는 주류-비주류라는 관계가 형성되곤 한다. 그러나 우리의 멀티링궐 행아웃 프로젝트의 교류에서는 학생들이 지속적으로 3개 언어에 노출되도록 활동을 구성하였고, 미국 학생들과 한국 학생들이 각자 자신 있는 무언가를 서로에게 가르쳐 주는 활동을 통해 영어로 인한 일방적인 권력관계의 형성을 지양하고자 하였다. 예를 들어, 〈내가 가르쳐 줄 수 있는 것What I Can Teach〉이라는 다중언어 활동에서 탈북 학생들은 자신이 잘 할 수 있는 장기(물방울 소리 내기, 허난성 방언의 억양으로 말하기 등)를 한국어, 영어, 중국어로 미국 학생들에게 가르쳐 주고 그 모습을 영상으로 찍었다.

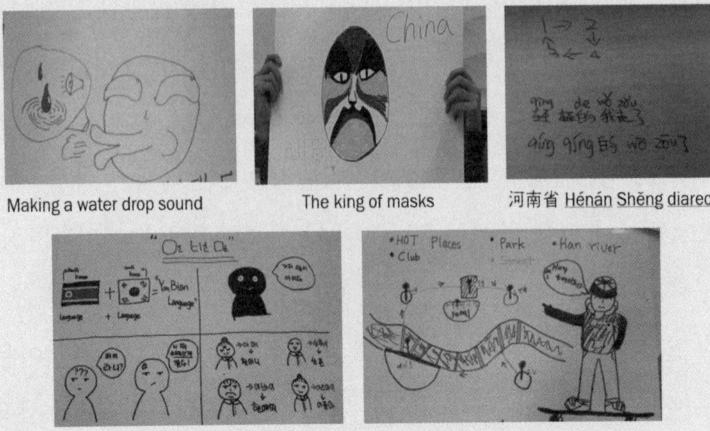

Making a water drop sound　The king of masks　河南省 Hénán Shěng diarect

延邊 Yánbiān variety (Korean Chinese Language)　Tourist spots in Seoul

미국 대학생들과의 교류 프로그램에서 탈북 학생들이 그린 'What I Can Teach'

미국 학생들의 찬사가 이어졌다. 지구상에서 가장 흥미로운 국가 중 하나인 북한에서 탈출한 학생들에 대해 이들은 이미 일종의 호기심과 선입견을 가지고 있었고, 비원어민 화자들이 어눌하게 영어로 소통하는 모습에 익숙하던 미국 학생들은 한국어, 중국어, 영어를 모두 사용하는 탈북 학생들의 언어 능력에 매우 놀란 것이다.

물론, 가장 큰 성과는 이 교류를 통해 탈북 학생들이 자신들의 다중언어 능력을 긍정적으로 인식하게 되고, 그동안 선망과 원망의 대상이었던 영어를 새로운 시각으로 바라보게 된 것이었다. 성동은 워크숍을 마친 후 서면 성찰에서 '다중언어는 저한테 보물이지만 이번에 워크숍을 통하여 영어의 중요성을 제대로 인지했다' 라고 썼고 대면 인터뷰에서 이에 대해 다시 묻자 '진짜 영어를 잘하고 싶어졌다'고 말했다. 그리고 미국 학생들과 다중언어교류 활동을 한 소감에 대해 문양은 '알고 보니 내가 거의 세 개 언어를 하고 있더라고요'라고 말하며 자신의 다중언어 능력에 대한 각성과 자신감을 표현했다. 면담에서 3개 언어를 어떤 식으로 사용했는지를 묻자 그는 '새로운 언어를 썼던 느낌이예요. (3개) 다 썼어요.'라고 대답했다. 이 대답을 들었을 때 나는 정말이지 눈물이 나올 만큼 벅찬 감동을 느꼈다. 아이들은 다중언어 구사자로서 자신이 가진 모든 언어 자원을 활용한 풍성한 레퍼토리를 가지고 소통한 것이었다.

다시 과거로 돌아가 보자. 2018년 7월 초, 1차 프로젝트의 종강 파티를 끝내고 쓴 연구 일지이다.

> 연구자로서, 힘들었고 지친 과정이었지만 학기가 끝나는 마당에 아이들이 거침없이 편하게 수다 떠는 모습을 보니 이제 우리가 어느 정도 마음을 열고 관계를 맺고 있었구나 하는 생각에 안도감이 든다. 만일 오늘의 종강 파티가 없었다면 내 마음은 다소 무거웠을 것 같다. 즐거운 수다와 식사, 마지막 악수와 포옹으로 서로 훈훈한 마무리를 할 수 있었다.

이렇게 마음이 편해진 듯했지만 사실은 그렇지 못했다. 난 종강 파티 이후에 몇 달 동안이나 이 프로젝트의 자료를 펼치지도 못했고 늘 마음이 무거운 돌에 짓눌리는 듯했다. 그리고 한참이 지나 어렵게 용기를 내어 2차 프로젝트를 시작했다. 현실적으로, 연구재단에서 이미 3년짜리 연구비를 받았으니 포기할 수도 없었고, 무엇보다 내 마음에 깊은 앙금이 남아있었다. 다행히 멀티링궐 행아웃의 2차 프로젝트를 하면서 나는 왜 그렇게도 마음이 힘들었고 1차 프로젝트의 연구 결과를 논문으로 쓰지 않고 회피하기만 했는지를 알게 되었다. 2차 프로젝트가 끝날 무렵의 나의 일기이다.

> [1차 프로젝트 종료 후에] 내게 가장 힘들었던 것은 이대로 이 아이들을 떠나 버리는 것이었다. 원래 계획했던 방과후 동아리 수업기간이 끝났기에 이제 프로젝트를 마무리해야 했다. 나는 멋지고 의미 있는 프로그램을 만들려고 고군분투하다가, 탈북을 한다는 것이 진짜 무슨 의미인지, 경계에 선 아이들이 어떤 감정인지, 연구자도 복지가도 상담가도 아닌 나의 위치가 얼마나 취약한 것인지를 깨닫고 엉거주춤 마음만 아팠다. 그리고 나에게 기대고 마음을 열기 시작하는 아이들에게 아무것도 해 주지 못하고 그냥 떠나 버린 느낌이 나를 못 견디게 괴롭게 만들었다. 아이들의 아픈 이야기로 나의 연구논문을 쓴다는 것이 자신이 없었다. 그런데 다시 멀티링궐 프로젝트[2차 프로젝트]를 한 것이 얼마나 다행인가.

아이들은 이 프로젝트에서 즐거워하고 고마워하고 많이 배웠다고 한다. 눈물이 날 만큼 고맙다. 다행이다. 정말 다행이다.

멀티링궐 행아웃은 연구자로서의 나의 인생에 전환점을 준 프로젝트이다. 언어는 홀로 존재할 수 없으며, 언어를 쓰는 것은 사람이며, 언어에 대한 연구는 본질적으로 사람과의 관계라는 것을 처절하게 배웠다. 그리고 그 프로젝트를 통해 내 자신이 결국 내가 살아온 삶만큼의 경험치만 가지고 있고, 어려운 이론들로 머리만 비대하게 자란 연구자임을 직면하였지만, 다른 한 편으로는 나라는 한 사람이 약간의 변화를 만들어 낼 수 있다는 것도 배웠다. 3년여의 고군분투 끝에 5명의 아이들과 소중한 관계를 맺을 수 있었고 그들이 가진 언어에 대한 생각과 언어 학습에 대한 동기, 자신의 미래에 대한 희망에 (그 강도를 정확히 알 수는 없지만 적어도 어느 정도) 긍정적인 영향을 미칠 수 있었다.

그렇다면, 이런 노력을 기울일 수 있는 교사들이 좀 더 있다면 우리의 언어 사회는 좀 더 민주적이고 공정해지지 않을까? 한 교사가 적어도 5명씩의 학생에게 영향을 미칠 수 있다면? 그런 교사가 10명이라도 있다면? '멀티링궐 행아웃 ver.2-교사편'이자 〈제3의 공간, 다중언어 교사실행공동체〉라는 긴 제목의 연구 기획서는 이런 기대에서 시작되었다.

제3의 공간에서, 교사들과 함께 '멀티링궐 행아웃'

'제3의 공간'은 내가 사랑하는 은유이다. 나의 삶에서도, 내가 가르치는 학생들에게도 자주 제3의 공간을 만드는 것에 대해 이야기한다. 벌써 10년전인가. 나를 탈북 학생들에 대한 연구로 이끌었던 공동 연구자들과 함께 워싱턴DC에서 열린 심포지움에서 발표하게 되었다. 미국 제임스 매디슨 대학 사범대의 강신지 교수와 못하는 게 없고 모르는 게 없는 탈북민 '능력자'이자 탈북학생 연구에 중요한 역할을 해 주었던 박요셉, 나의 두 절친과 함께 에어비앤비로 얻은 숙소에서 며칠 밤낮을 함께 작업했다. 그때 의기투합하여 부르짖던 말, 그것이 바로 '제3의 공간Third Space'이었다. 이미 호미 바바Homi Bhabha를 비롯한 많은 연구자들이 이 개념에 매료되어 이런저런 방식으로 자신의 연구에 활용한다. 멀티링궐 프로젝트는 내가 꿈꾸는 제3의 공간의 실현을 위한 실험이었다. 남한과 북한이라는 이분법을 넘어, 주류와 비주류라는 이분법을 넘어, 모어와 목표어의 이분법을 넘어, 제1공간과 제2공간의 이분법을 넘어, 전혀 새로운 의미로 구성되는, 혼종적이고 창발적인 제3의 공간!

이제 제3의 공간에 대한 실험은 보다 많은 학생들에게 제3의 공간을 마련해 줄 수 있는 교사들에게로 옮겨갔다. 나는 한국이라는 영토에서 태어나 한국어라는 '국어'를 사용하며 언어가 아니라 평가의 근거로 혹은 특권의 상징으로 영어를 배운 한국 교사들이 다문화·다언어 시대에 교실에서 직면한 혼란과 딜레마를 보았다. 이들이 교사로서 자기효능감을 가지고 행복하게 책임을 다할 수 있는 제3의 공간을 만들기를 원했다. 다중언어주의와 다중언어교육이라는 생소한 주제에 관심을 가진 현직 교사를 섭외하기 위해 만든 포스터를 시작점으로 8명의 교사가 모였고 그렇게 우리는 실행공동체로서 만남을 시작했다. 여기에 나중에 함께 하게 된 1명의 교사, 그리고 나까지 포함한 총 10명이 의기투합하여 이 책을 쓰게 된다.

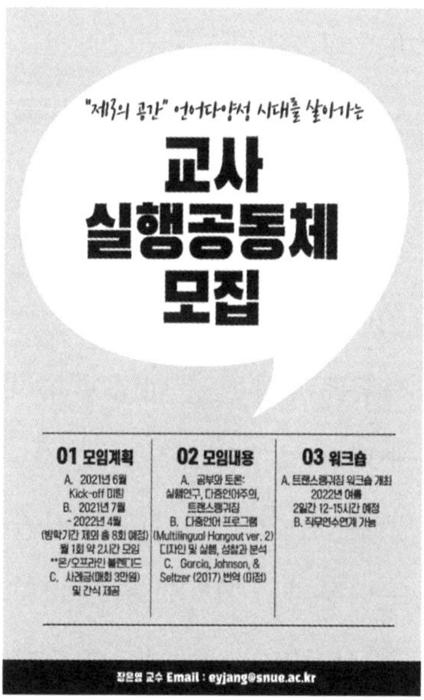

다중언어교사 실행공동체 모집 포스터

이 프로젝트에서 나에게 가장 힘들었던 문제는 이론과 실제의 적절한 균형잡기였다. '다중언어주의', '횡단언어하기', '비판적 언어인식'과 같은 난해한 개념을 제한된 시간 안에 핵심 위주로 설명하려다보니 자꾸만 환원적인 요약이 되고, 주로 내가 교사들을 가르치는 형식의 수업이 될 위험이 있었다. 그래도 용어와 개념은 매우 중요하다. 그리고 이에 대한 성찰과 토론도 중요하다. 우리가 이론과 철학을 공유해야만 협력하여 다중언어주의 교수법을 개발할 수 있기 때문이다. 교사들이 이러한 새로운 언어교육의 패러다임이 자신의 삶과도 밀접한 관련이 있음을 깨닫고, 영감을 받고, 흥분하고, 뭔가 해야겠다는 생각이 불끈 드는, 그런 프로젝트 수업으로 만드는 것이 나의 목표였다.

실행공동체 교사들과 함께 읽고 공부할 자료들을 미리 선정해서 교재도 만들고 커리큘럼도 세워 두었다. 그래도 매번 모임을 준비할 때마다 한국의 교사들에게는 생소하고 실효성이 없게 들릴 수 있는 이 주제를 어떻게 하면 잘 이끌어 갈까 고민하며 수정을 거듭했다. 사전과 사후를 제외한 총 여덟 번의 미팅 중 딱 잘라 네 번은 핵심 주제들에 대한 공부와 토론, 나머지 네 번은 직접 다중언어 교수안의 개발과 적용으로 계획했다. 시간적 제약을 극복하기 위해서 줌zoom을 이용한 정기적인 월례 미팅과 구글 클래스룸google classroom을 통한 상시적인 상호작용의 환경을 구축했다.

다중언어 교사실행공동체 커리큘럼

	영역	주제 및 내용
	시작 모임	실행공동체 모임 및 구성원 소개, 참여동기 나눔 등
1	이론적 토대	교사 실행공동체와 실행연구에 대한 이해
2		글로벌 시대의 다중언어주의와 다문화교육
3		다중언어주의와 언어정책: 국내외 사례들을 중심으로
4		다중언어주의와 교사
5	수업설계와 실행	트랜스랭귀징 교수법과 맥락적 다중언어 수업 설계
6		맥락적 다중언어수업 설계, 개발 및 공유
7		맥락적 다중언어수업 공유, 토론 및 실행
8		맥락적 다중언어수업 실행 결과 공유, 분석 및 성찰 나눔
	마무리 모임	실행공동체 참여를 통한 성과, 배움 및 향후 방향 나눔

시작 모임에서 워밍업으로 각자의 언어 경험과 다중언어교사 실행공동체에 참여하게 된 이유에 대해 이야기를 나누었다. 영어에 대한 오랜 애증과 열패감, 한국어를 못하는 외국인 학생을 한국인인 교사가 어디까지 감당해야 할지에 대한 고민, 아랍 학생들을 위해 교사가 아랍어를 배우자 기뻐했던 학생들의 모습, 한국어가 서툰 외국인 어머니를 자녀 양육과 교육에서 차단시키는 한국인 아버지에 대해 느끼는 안타까움, 온갖 사업과 행정 처리에 묻히는 교사의 열정과 이로 인한 절망감, 코로나 상황에서 원격 수업으로 더욱 소외되고 뒤처지는 이주 배경 학생들을 보는 교사의 심정 등, 다양한 이야기들이 생생하게 공유되었다. 교사들이 이런 이야기들을 어디에서 나눌 수 있겠는가? 킥오프 미팅이 끝나자 더욱

비장한 각오가 들었다. 선생님들이 당황하실까봐 표시를 내진 못했지만 나 혼자서 나름 벅차고 흥분된 마음으로 이 프로젝트를 정말 잘해야겠다는 다짐을 했다.

이론 수업에서는 언어 다양성에 대한 근본적인 질문부터 구체적인 이론들과 연구 현황 등을 짚어 보았다. 다언어주의multilingualism, 다중언어주의plurilingualism, 상호문화소통역량intercultural competence, 실행공동체community of practice 등에 대해 설명하고, 비판적 리터러시critical literacy, 비판적 언어인식critical language awareness, 민주시민성democratic citizenship 등과 연계하여 살펴 보았다. 교사의 언어, 학생의 언어, 사회의 언어, 교실의 언어, 언어의 경계를 넘는 언어, 새롭게 언어가 된 언어 등 넘쳐나는 언어들에 대해 집요한 분석과 비판적 성찰을 해 보자고 선생님들을 유혹(?)했다.

사실 학자로서의 나는 현장에 관여하는 것보다는 개념과 이론을 공부하고 끝도 없이 사유하고 연구하는 것이 성향에 맞다. 그런데 이런 나의 성향에 대해 늘 자아비판을 하면서 '사회에 도움이 되는 공부', '현장에 변화를 가져올 수 있는 연구'를 해야 한다는 강박을 동시에 가지고 있었다. 그 때문인지 연구 현장에 직접 개입할 수밖에 없는 실행 연구를 오히려 그 누구보다 많이 하고 있다. 내가 수행한 대부분의 연구가 인간 대상 연구이자 참여적 관찰자 시점에서의 질적 연구이다. 심지어 멀티링궐 행아웃 프로젝트는 현장에 내가 깊숙이 연루된 연구, 나의 감정과 정체성을 뒤흔들 만큼 영향을 미치는 그런 연구였다.

사람들과 직접 부대끼는 실행 연구 경험들을 통해 나는 목적 달성을 위한 주도면밀한 계획이 정말 중요하다는 것을 알게 되었다. (물론 연구자의 진정성이 가장 중요하다는 것은 당연하니 언급하지 않는다. 오해 없기를!) 이런저런 고민들을 했다. 다중언어주의에 대한 나의 철학과 이상을 일방적으로 주입시켜 교사들이 미처 공감하기도 전에 지치고 도망가게 만들면 안된다는 것. 교사들이 머리로 배우는 것과 직접 실천하는 것 사이의 밸런스가 중요하다는 것. 잘 모르고 섣불리 다중언어 수업을 하게 되면 '이게 맞나?'라는 회의와 자괴감을 느낄 것이고 이론과 개념들을 너무 열심히 공부하게 되면 완벽한 다중언어교육이라는 이상ideal이 만들어지면서 실제 자신의 교실에 적용할 엄두가 나지 않을 것이라는 것. 한국의 교사들은 매우 똑똑하고, 현명하고, 생각이 깊으며, 학생들에 대한 애정으로 가득차 있다. 이들은 이미 준비된 자들인데 오히려 내가 학문을 앞세워서 망치면 안된다는 생각으로 사실 부담이 되기도 했다. 좀 웃기지만, 아무도 시키지도, 인정하지도 않았는데 나 스스로 다중언어 교사교육에 대해 어떤 소명의식을 가지고 있었던 것 같다.

첫 미팅에서 '제3의 공간'을 찾아온 선생님들께 말했다. 우리 머릿속은 늘 잡생각과 조바심으로 가득차 있지만 우리가 만나는

2시간 동안만은 모든 것을 내려놓고 초심으로 돌아가자고. 온전히 우리의 배움과 나눔, 좋은 교사가 되고 싶어 했던 그 마음만 생각하자고 했다. 한 번 두 번 만나는 횟수가 늘어갈수록 선생님들과 내가, 그리고 선생님들끼리도 조금씩 가까워지고, 비록 줌zoom을 통한 만남이지만 눈을 반짝이며 이런저런 의견들을 나눈다. 종일 학교에서 힘들었을 텐데도 선생님들은 열심히 우리 교재의 논문들을 읽고 구글 클래스룸이나 단체 카톡으로 미리 게시한 토론 질문들에 대해 각자의 생각을 가져왔다. 다중언어교육에 대해 '아무것도 모른다'면서 걱정하고 주저하던 선생님들이 자신의 언어 경험을 가만히 돌아보고 오늘날 언어와 언어교육의 현실에 대해 다양하고 비판적인 의견을 피력하기 시작했다.

이러한 나눔은 활발한 토론을 촉발한다. 다중언어교육이 중요한 '진짜' 이유는 무엇일까?, 사람들이 가지고 있는 '언어 태도'는 어디에서 왔을까? '경제성의 원칙'만을 고려한 언어교육 정책은 어떤 결과를 가져올까? 등등 중요한 질문들이 선생님들에게서 계속 꼬리를 물고 나타났다. 다언어 사회인 유럽이나 미국과는 다른 한국 상황에서, 한국 공교육에 적용할 수 있는, 이른바 '한국형 다중언어교육'의 목표와 수업방식 등에 대해 함께 토론하면서 체계를 세우기 시작했다. 나의 역할은 현장을 제일 잘 아는 교사들이 현장 밀착형 다중언어 교수법의 가능성을 살펴보고 실제 다중언어 수업을 설계할 수 있도록 적절한 토론 질문들을 제공하고 토론의 결과를 분석하고 유형화하여 다시 함께 보면서 구체화하도록 이끄는 것이었다. 매번 모임을 마치고 나서 혼자서 감동으로 울컥하곤 했다. 이 선생님들은 뭐랄까…… 오랫동안 우리의 언어 세계를 얽매어 온 동일화와 편견을 깨부수고 우리 학생들에게 자유를 주는 한국 언어교육의 혁명가가 되지 않을까…… 하는 기대가 스멀스멀 피어올랐던 기억이 난다.

'자신의 교실을 새로운 눈으로 보라'는 활동을 하면서 각 교사는 언어가 작동하는 방식들에 대해 교실 안팎에서 민감하게 인지하기 시작했다. 그리고 실행공동체에서 배우고 토론했던 다중언어주의 이론을 각자 자신의 수업 맥락에 나름의 방식으로 녹여낸 교수안을 만들었고 이를 실제 적용하였고 그 과정과 결과를 함께 나누었다.

다중언어 수업의 스타트를 끊었던 한 교사는 '환대'와 '언어인권'의 개념을 다중언어를 매개로 초등교실에 녹여냈다. 그 수업을 통해 학생들이 자신이 생각했던 것보다 훨씬 더 이해의 폭이 넓었다는 점을 알게 되어 놀랐고, 오히려 자신이 고향인 제주의 언어와 영어에 대해 오랫동안 느꼈던 복잡한 감정을 이해하게 되었음을 나누었다. 그 교사의 환대에 대한 수업 실행을 듣고, 이주 배경 학생들을 위한 대안학교에 근무하는 한 교사는 아이들이 자신의 언어를 이해하지 못하는 한국 학교에 오면 입을 꾹 닫고 몇 달이고 말을 하지 않다가 신뢰가 생기면 조금씩 말을 하기 시작한다고 말하면서, "이 아이들이 나에게 말을 걸어 줄 때까지 기다리는 것이 교사로서 내가 할 수 있는 환대인 것 같다"라고 했다. 이 말을 듣는 순간 나는 짜릿한 전율이 일만큼 감동했다. 줌zoom 미팅이 아니었으면 눈물을 들켰을 것 같다. 그 교사는, "보통은 기다려 주지 않는다"라면서, 기다려 주지 않는 사람들 속에서 아이가 어떤 심정일까 하는 생각이 든다고 덧붙였다.

우리는 때로 우리가 원하는 방식대로 타인을 환대한다. 교사들은 이주 배경 학생들을 위해 '좋은 의도'로 한국어의 중요성을 강조한다. 한국어를 잘해야 빨리 적응하고 성공할 수 있다고 한다. 물론 한국어를 가르치기 위해 최선을 다해야 한다. 그리고 아이들이 한국어를 빨리 배울수록 여러 측면에서 도움이 될 것이다.

그런데 적응이란 무엇일까? 학령기 아이들이 한국에 적응한다는 것은 한국 사람처럼 말하고 한국 사람처럼 공부해서 좋은 대학을 갈 수 있는 경쟁력을 만드는 것과 손쉽게 동일시된다. 이주 배경 아이들이 적응하는 것과 건강하게 성장하는 것은 별개다. 비자발적인 이주를 겪으면서 아이들이 적응을 위해 자신의 가장 중요한 시기를 무력하게 소비해 버리는 것을 자주 본다. 마음 한구석에 커다란 구멍을 가지고, 서서히 자신을 떠나가는 모어를 아프게 바라보고, 이전의 삶을 부인하도록 떠밀리면서 새로운 환경에 '적응'한다. 미국에서는 한국인 기러기 가정의 아이들을 통해, 한국에서는 이주 배경 학생들과 탈북 학생들을 통해, 난 이러한 모습을 너무나 많이, 가슴 아프게 만났다.

대학원 수업에서 나는 '이주 배경 학생들에게 한국어만 강조하지 말고 다양한 소통의 레퍼토리를 키울 수 있도록 도와야 하고 다중언어 구사자로서 아이들의 자존감을 높여야 한다'고 힘주어 말하지만, 이를 현실을 모르는 이상주의적 생각으로 치부하거나 실제 '현실적 어려움'으로 인한 딜레마를 토로하는 교강사들을 늘 만난다. 당연히 어렵다. 심지어 부모조차도 자녀들이 빨리 한국어를 배워 적응하기를 원하는데 말이다.

그러나 이 책의 저자들과 함께 했던 다중언어 실행공동체 프로젝트가 조금은 변화를 만들지 않았나 내심 생각한다. 프로젝트가 끝난 후, 우리들의 만남과 교육 실천에 대한 '다중언어 세미나'를 열어 각 교사가 자신의 수업 과정과 아이들의 반응에 대해 발표하고 한국형 다중언어교육의 실험에 대한 소감도 나누었다. 지금 여기 이 책에서는, 그대로 묻기에는 너무 아쉬운 우리들의 시간을 글로 남기고 있다. 이 정도면 정말 나는 대만족이다.

우리는 종종 언어가 휘두르는 권력과 차별을 당연하게 생각한다.

대학원이나 강연에서 언어교육과 권력을 함께 이야기하면 듣는 이들이 상당히 놀라는 것을 발견한다. 권력이나 불평등의 문제가 언어와 그렇게 관련이 있다고 생각하지 않았기 때문이다. 나는 이 주제에 푸코Foucault, 부르디외Bourdieu, 페니쿡Pennycook, 노튼Norton, 라슨 빌링스Ladson-Billings, 니에토Nieto 등 유명 학자들을 인용하면서 이런 설명, 저런 설명을 시도해 보았는데 결국 다음과 같이 말하는 것이 가장 효과적이라고 생각하게 되었다. '특정한 언어를 쓴다는 이유만으로 특혜 혹은 차별을 받을 수도 있을까요? 생각해 봅시다'라고 말이다.

한국 사회에 만연한, 그리고 너무나 당연하게 생각하는 언어에 대한 생각과 실행들이 있다. 영어는 무조건 너무 중요하다는 것, 취업에서 업무와 상관없이 영어 성적이나 능력을 요구하는 것, 영어를 잘한다는 것은 원어민처럼 발음하는 것, 이주 배경 학생들은 빠른 한국어 습득만이 가장 중요하다는 것, 결혼이주여성의 어눌한 한국어로 인해 자녀의 언어 발달이 지연되거나 장애를 가지게 된다는 것, 이주노동자의 낮은 한국어 실력이 노동 현장에서 큰 문제라는 것, 영어권 출신 강사가 한국어를 못하는 것은 당연하다는 것, 이주민 다문화 언어 강사가 한국어를 잘 못해서 문제라는 것, 지방 사투리는 재미있고 웃기니 자꾸 해 보라고 하는 것, 등등이 그것이다. 자연스럽게 이루어지는 언어 차별은 일일이 다 열거하기 어려울 정도로 너무나 많다. 몇 가지 일화가 생각난다.

에피소드 하나: 한국 대학에서 프랑스 학생과 중국 학생의 영어 시험

내가 학위를 마치고 한국 대학에서 처음 강의한 과목 중에 영어로만 수업하는 〈English Reading & Writing(영어독해와 글쓰기)〉이라는 교양과목 영어 수업이 있었다. 약 삼십여 명의 수강생 중에 프랑스 학생 한 명과 중국 학생 한 명이 있었다. 학기말 시험에서 한국어로 낸 문단을 영어로 번역하는 문제를 내는데 문득 외국 학생들에게는 2번의 번역을 거치는 것이 너무 어렵겠다는 생각이 들었다. 무엇보다도 그 수업은 영어 수업이었고 내가 평가하고 싶은 것은 이 학생들의 영어 능력 향상 여부였다. 그래서 내가 아는 프랑스어와 중국어 구사자들을 총동원해서 시험 문제인 한국어 문단들을 프랑스어와 중국어로 바꾸었다. 즉, 프랑스 학생은 프랑스어로 된 지문, 중국 학생은 중국어로 된 지문을 보고 영어로 번역하면 된다. 물론 두 학생들에게 그렇게 시험 치는 것을 원하는지 아닌지를 사전에 확인했고 그들은 너무 좋다고 했다.

문제는 다른 한국 학생들이 이에 대해 '불공평하다'고 말하거나 심지어 '그들에게만 특혜를 주는 것 아니냐'는 반응을 보인 것이다. 나는 "한국 학생들은 모어인 한국어를 영어로 번역하는데 왜 이 학생들은 외국어를 읽고 다시 외국어로 바꾸어야 되나요? 어떤 부분이 불공평한가요?"라고 물었다. 학생들은 "한국에 왔으니 한국어로 하는 게 맞다", "[외국] 학생들이 한국어를 빨리 배워야 되니 한국어로 문제를 내는 게 학생들에게도 좋다", 심지어 "교수님이 프랑스어, 중국어로 문제를 만드시려면 시간도 걸리고 너무 힘드실 것 같다"라는 대답까지 나왔다. 마음 깊은 곳에 있는 주류중심적 사고와 언어 권력의 무비판적인 행사는 때로 상대방을 위하는 듯한 가면을 쓰고 나타난다.

에피소드 둘: 한국 초등학교에서 중국어 일기와 영어 일기

대학원 수업 시간에 언어에 대한 이중 잣대를 다루었을 때 한 대학원생(초등학교 교사)이 나누어 준 이야기이다. 그 교사가 담임을 맡은 반의 한 중국인 중도 입국 학생이 과제로 내 주었던 일기를 중국어로 써도 되냐고 물었다. 선생님은 당연하게 'OO야~ 일기는 숙제니까 한국어로 써야지. 지금은 힘들어도 한국어로 자꾸 쓰면서 한국어 실력이 늘어날 거야'라고 대답했다.

그런데 대학원 수업을 듣다가 문득 생각난 일이 있었다고 한다. 지난 학기에 미국에서 전학 온 학생이 한국어가 서툴러 일기를 영어로 써도 되냐고 물었을 때 자신이 너무나 당연하게 '그~~럼! 영어로 쓰면 더 좋지!'라고 대답했고, 그 학생이 제출한 영어 일기를 읽으면서 자신의 영어 실력을 테스트하고 어린 학생이 영어를 이렇게 잘하다니 하고 부러워했다는 거다. 그 일을 까맣게 잊고 있다가 대학원 수업에서 이중 잣대에 대한 토론을 하다가 문득 생각이 났다는 거다. 아마 이 비슷한 경험이 우리 모두 한 번쯤은 있지 않을까? 영어에 대한 열렬한 선망, 자발적인 추종이랄까.

에피소드 셋: 외국 대학원에서 학위 논문을 쓸 때 언어는 나의 책임인가?

이 문제는 정말 어렵다. 앞서 얘기한 '언어를 잃어버린 나'를 생각하면 연민이 앞선다. 영어를 기준으로 내가 평가되고 이해되는 것이 억울하고 분했지만, 영어가 디폴트 자격처럼 느껴졌기에 원어민처럼 말하고 쓰지 못하는 내가 너무나 부족해 보였다. 내가 자발적으로, 공부하고 싶어서 미국 대학원의 학위 과정을 선택했는데 영어로 인해 어려움을 겪는다면 이를 책임지고 헤쳐 나가야 하는 사람은 당연히 내가 아닐까? 지금도 이 생각은 어느 정도는 유효하다. 이주 아동과 청소년 연구를 하면서 언어 권리와 정체성의 관점에서 이들을 위한 방향성을 찾을 수 있었지만, 나 자신이 가진 딜레마를 극복하기는 쉽지 않았다.

어쨌든 확실해진 것은 있다. 나의 학문적 자유를 위해 언어 능력은 중요하고 나의 언어 능력을 키우는 것은 나만이 할 수 있는 것이다. 이것은 내가 학문을 업으로 삼았기에 이에 대한 책임을 다하는 것과 같다. 영어뿐 아니라 모어도 마찬가지이다. 사유의 폭을 확장하기 위해서는 지속적으로 나의 언어 레퍼토리를 확장해 나가야 한다. 그러나 언어로 인해 차별받는 것은 분명하게 인식하고 저항할 수 있어야 한다. 차별이나 배제를 나의 문제로 오인해서는 안된다. 예를 들어, 비영어권 대학원생이라고 해서 조교 업무를 배당하지 않는다든가 혹은 공동연구의 기회를 제공하지 않는다든가 하는 일이다. 다행히도 내가 겪은 일은 아니지만 미국이든 한국이든 외국인 유학생들에게 이러한 일은 흔히 일어나고 있다.

돌이켜 보면, 미국에서 대학원을 다닐 때 나는 내가 영어 원어민도 아닌데 나를 연구조교, 수업조교로 매년 고용해 주고, 내게 누구보다 높은 성적을 주며 학비와 생활비 외에 장학금까지 '챙겨 준' 학교에 대해 정말 고맙게 생각했었다. 고맙다니…… 왜 그렇게 고마워했을까? 당시의 나는 영어로 차별을 당한다 해도 비원어민인 나의 문제로 당연하게 받아들일 준비가 되어 있었고 상당 부분 내 책임이라 생각했다. 내가 죽을힘을 다해 열심히 공부해서 얻은 성적에 대해 나 자신을 칭찬하지도 않았던 거다. 마치 오랫동안 식민지 상태에서 살아온 시민이 자신을 억압한 이들에게 자발적으로 복종하는 것과 같았다.

그 당시에는 영어라는 언어는 곧 권력이었고 어떤 책의 제목에서 말했듯 그야말로 '내 마음의 식민주의'였다. 안타깝게도, 이제 한국 사회에서는 한국어라는 언어가 비원어민에게 그런 권력을 당연한 듯이 행사하기 시작한다.

에필로그: 그리하여 다시 언어에 대하여

마지막으로, 다시 언어에 대하여 아이러니한 경험을 나누고 싶다. 이는 내가 미국 대학의 대학원생, 한국 대학의 시간강사, 미국 대학의 방문 교수의 순으로 역할을 옮겨가면서 느낀 것이다.

미국의 대학원 과정에서 영어에 대한 자의식은 나를 위축시키고 나 자신을 폄하하게 만들었다고 이미 고백했다. 하지만 앞서 언급한 차별적 시선으로 표절을 의심하는 교수만 있는 것은 아니었다. 오히려 내가 미국에서 만난 많은 교수, 연구자, 동료 대학원생들은 완전하지 않은 영어에 갇혀 있는 나의 생각에 대해 경청했고, 이해했고, 인정해 주었다. 언어를 넘어, 나의 학문적 역량과 연구에 대한 열정을 알아봐 주고 연구자로서의 잠재력에 대해 진정성을 가지고 격려해 주었다. 이들 덕분에 나는 영어로 인한 자괴감과 열패감을 이겨 내고 박사학위를 무사히 끝냈을 뿐 아니라 졸업할 때 박사학위 논문상outstanding dissertation award까지 받았다. 이 경험을 통해 나는 편협하지 않은 시선으로 언어소수자를 바라보고 지지해 주는 '타인들'을 통해서 언어소수자가 겪는 차별, 고통, 패배감의 극복이 가능하다는 것을 알게 되었다.

대학원을 졸업하고 한국으로 귀국한 해인 2008년에서 2014년까지, 나는 한국의 대학에서 강의했지만 당시 기세등등하던 세계화의 압박으로 대부분 수업을 영어로 하고 영어로 논문을 썼다.

한국인들을 대상으로 영어로 강의하거나 발표를 하면 대부분의 한국인 청자들은 내가 얼마나 영어를 잘하는지, 아니 정확하게는 얼마나 원어민처럼 발음하는지를 평가하느라 바쁘다. 오히려 미국에서는 나의 영어 액센트보다 나의 생각에 귀를 기울였는데 말이다. 우리가 서로 한국어를 할 수 있다는 사실을 뻔히 알면서 나는 영어로 강의해야 했고, 학생들은 영어가 불편해 질문도 하지 않고 침묵했다. 늘 피곤하고 힘들었다. 여전히 내가 영어에 휘둘려야 하는 것에 지쳐갔다.

그러던 중 2014년에 방문학자로 미국 UC 버클리 대학을 가게 되었다. 그곳에서 1년 반을 보내면서 나는 그 어느 때보다 언어에 대해 자유로움을 느꼈다. 세미나나 학회에서 발표하면 그들은 영어가 아니라 내 연구에 대해 관심을 가졌다. 영어 그 자체로 나의 능력을 평가하지 않았다. 일상에서 영어로 상호작용할 때도 편안했다. 영어로 말하는 내가 낯설다기보다 오히려 한국말을 할 때 보다 더 나 자신인 것 같다는 생각도 들었다. 좀 더 대담하고 솔직해지고 말을 하기 싫을 때는 하지 않을 자유를 느꼈다. 이 감정에 대해 곰곰이 생각해 보았다.

영어로 얘기할 때, 한국어에 연결되어 있는 그 모든 한국적 문화 관습을 지키지 않아도 될 것 같은 자유로움을 느낀다. 예를 들면 겸손한 태도라든가, 간접적인 화법이라든가, 남성우월주의 비판이나 정치적 성향에 대한 언급은 삼가는 것이라든가 등등……

이런 것들에 신경 쓰지 않고 그냥 솔직하게 말하게 된다. 물론 영어의 언어공동체도 당연히 문화적 요소들, 미덕에 대한 기준, 사회생활 규칙 등이 있다. 미국에서 꽤나 오래 살았기에 미국 사회가 의외로 보수적이고, 간접적이고, 겸손한 방식으로 이야기하는 것을 자주 경험했다. 그러니까 내가 영어를 사용할 때 느끼는 자유로움은 흔히 솔직하고 개방적이라고 알고 있는 서구 문화로 인한 자유라기보다 한국어와 한국 문화권으로부터의 찰나적 탈주의 자유가 더 맞는 말인지도 모르겠다. 탈주하는 그 순간의 해방감! 들뢰즈Deleuze가 말하는 새로운 창조의 순간에 가깝다고 할까. 물론 완전히 벗어나진 않는다. 그렇지만 탈주하는 순간순간들이 나의 언어와 문화 레퍼토리를 확장시키고 나라는 존재를 좀 더 풍성하고 자유로운 인간으로 만들어 주는 것이다. 내가 살아온 세월 동안 다양한 언어를 다양한 방식으로 배우고 경험하고 사유했다. 이러한 다중언어 경험이 주는 자유와 보상을 그때서야 알 것 같았다.

다양한 언어를 배우고, 쓰고, 느끼는 것은 멋진 일이다. 다양한 언어에 자연스럽게 노출되는 교육, 학생이 가진 모든 소통의 도구들, 즉, (유창하든 아니든) 언어, 제스처, 표정, 이미지, 소리 등등에 주목하는 교육, 이러한 언어 레퍼토리를 확장하고 적절히 활용하여 타인과 마음을 나누는 경험을 제공하는 교육, 이를 통해 타인의 얼굴을 바라보고 환대할 수 있는 마음을 가지게 하는 교육이 바로 다중언어교육이다.

『처음 만나는 문화인류학』이라는 책에서 문화인류학자들이 구태여 다른 문화로 현지 조사를 떠나는 이유는 자신의 문화를 더 잘 알기 위해서, 즉 "낯선 곳에서 나를 만나기 위해서"라는 글을 읽었다. 다양한 언어를 경험하고 언어에 숨겨진 아름다움과 권력을 이해하면서, 우리는 낯선 곳에 가지 않아도 낯선 언어들을 만나고, 새로운 희열과 자유를 얻고, 이를 통해 나를 만나게 되며 그렇게 우리의 삶은 공존하고 확장될 것이다.

✱ '멀티링궐 행아웃: 제3의 공간' 프로젝트 공식 명칭

멀티링궐 행아웃 ver.1-학생편(2017~2020):
〈탈북민에서 세계시민으로: 북한이탈청소년을 위한 다중언어 블렌디드 프로그램 개발 및 적용 분석 연구〉

멀티링궐 행아웃 ver.2-교사편(2020~2023):
〈언어소수자에서 세계시민으로: 교사실행공동체의 트랜스랭귀징 페다고지 기반 다중언어 프로그램 개발 및 적용 연구〉

장은영 태생이 유희적 인간이라 책, 영화, 그림, 여행, 커피, 와인 등등 좋아하는 것이 많다. 그래도 언어와 교육에 대해 공부하고 연구하는 것을 제일 좋아한다. 뜻을 함께 하는 선생님들과 다중언어교육을 시도하면서 때로는 행복하게 때로는 비장하게 보다 정의로운 언어 사회를 꿈꾼다.
